श्रीमद्भगवद्गीता

श्री वेद व्यास कृत

श्रीमद्भगवद्गीता

का

हिन्दी पद्य रूपान्तरण

रूपान्तरकार

लक्ष्मीनारायण गुप्त पी एच० डी०

रोचेस्टर इन्स्टीचूट ऑफ टेक्नालोजी

यू०एस०ए०

डी. के. प्रिंटवर्ल्ड (प्रा.) लि.

नई दिल्ली

Cataloging in Publication Data — DK

Courtesy: D.K. Agencies (P) Ltd. <docinfo@dkagencies.com>

Bhagavadgītā. Hindi & Sanskrit.

Śrimadbhagavadgītā kā Hindī padya rūpāntaraṇa / Veda Vyāsa kṛta : rūpāntarakāra, Lakṣmīnārāyaṇa Gupta. — 2. saṁskaraṇa.

x, 187 p., 23 cm.

In Sanskrit; verse translation and prefatory matter in Hindi.

Verse translation along with text of Bhagavadgītā, Hindu philosophical classic.

ISBN 8124603863

1. Hinduism — Sacred books — Early works to 1800. 2. Philosophy, Hindu. I. Vyāsa. II. Gupta. Lakṣmī Nārāyaṇa. III. Title.

DDC 294.592 4 22

ISBN 81-246-0386-3

प्रथम संस्करण, 1998

द्वितीय संस्करण, 2007

पुनर्मुद्रण, 2019

प्रकाशक एवं मुद्रक:

डी. के. प्रिंटवर्ल्ड (प्रा.) लि.

पंजीकृत कार्यालय: '*श्री कुञ्ज*', एफ-52 बाली नगर,

नई दिल्ली - 110 015

दूरभाष: (011) 2545 3975, 2546 6019; फैक्स: (011) 2546 5926

ई-मेल : dkprintworld@vsnl.net

वेब : www.dkprintworld.com

द्वितीय संस्करण पर दो शब्द

इस संस्करण में कुछ छोटी-मोटी अशुद्धियाँ दूर कर दी गई हैं। अध्यायों के प्रारूप को भी बदल दिया गया है। अब संस्कृत श्लोक के तुरन्त बाद ही उसका हिन्दी रूपान्तर दे दिया गया है। इस संस्करण को निकालने में श्री कोमल चन्द्र अग्रवाल का बहुत हाथ है। उनको मैं धन्यवाद देना चाहता हूँ। प्रकाशक श्री सुशील मित्तल भी धन्यवाद के पात्र हैं।

पुस्तक खरीदने के लिये प्रकाशक से सम्पर्क करें या मुझे ई-मेल कर दें: <gupta.laxmi@gmail.com>.

लक्ष्मीनारायण गुप्त

जन्माष्टमी, विक्रम सम्वत्, 2063

प्राक्कथन

भारत की आध्यात्मिक पुस्तकों में गीता का विशेष स्थान है जैसा कि सर्वविदित है। अमेरिका आने पर मैंने पाया कि गीता के दर्जनों अंग्रेज़ी अनुवाद हैं जिनमें से कुछ काव्य में भी हैं। मुझे लगा कि हिन्दी में गीता के पद्यानुवादों की बड़ी कमी है। यह अनुवाद इस कमी की पूर्ति का एक प्रयास है।

आधुनिक हिन्दीभाषियों में ऐसे लोगों की संख्या बहुत कम है जिन्हें संस्कृत का इतना ज्ञान हो कि मूल को समझ सकें। पद्यानुवाद से न केवल अर्थ समझने अपितु पंक्तियों को याद रखने में सुविधा होगी। बहुत से साधक गीता की पंक्तियों का प्रयोग ध्यान में करते हैं। आशा है कि उनके लिये यह अनुवाद विशेष उपयोगी होगा।

अनुवाद की भाषा जहाँ तक सम्भव हुआ है, सरल रखी है। गीता में प्रयुक्त संस्कृत शब्दों को, जो हिन्दी में भी आमतौर से प्रयुक्त होते हैं, वैसे ही ले लिया है। मैंने प्रयास किया है कि अनुवाद में गीताकार का ही अर्थ लोगों तक पहुँचाया जाय न कि अनुवादक का मत। कतिपय स्थानों में एक से अधिक अर्थ सम्भव हैं वहाँ पर मैंने अपनी बुद्धि के अनुसार जो समुचित अर्थ लगा, वह लिया है।

अनुवाद करने में मैंने अपने स्वल्प संस्कृत ज्ञान के अतिरिक्त करीब 10-12 हिन्दी और अंग्रेज़ी अनुवादों का सहारा लिया है। उनमें से प्रमुख हैं:–

1. गीताप्रेस गोरखपुर से प्रकाशित हिन्दी अनुवाद।
2. विन्थ्रॅप सार्जेन्ट का अंग्रेज़ी अनुवाद।

सार्जेन्ट का अनुवाद कुछ त्रुटियों और अशुद्धियों के बावजूद भी बहुत उपादेय रहा क्योंकि इस अनुवाद में लेखक ने संयुक्त शब्दों का सन्धिविच्छेद और प्रत्येक शब्द का व्याकरण भी निर्धारित किया है। इससे मुझे अनुवाद में काफी सहायता मिली।

आशा है कि भारतीय जन-साधारण इस अनुवाद को अपनायेगा क्योंकि यह उन्हीं के लिये लिखा है, विद्वानों के लिये नहीं।

इस पुस्तक के प्रकाशन में मेरे प्रिय मित्र और निकट सम्बन्धी श्री कोमलचन्द्र अग्रवाल ने बड़ी सहायता की है जिसके लिये मैं उनका हार्दिक आभार प्रकट करता हूँ।

लक्ष्मीनारायण गुप्त

अनुक्रमणिका

श्रीमद्भगवद्गीता

अध्याय 1
(अर्जुन विषाद योग)

धृतराष्ट्र उवाच —
धर्मक्षेत्रे कुरुक्षेत्रे समवेता युयुत्सवः।
मामकाः पाण्डवाश्चैव किमकुर्वत सञ्जय ॥१॥

कुरुक्षेत्र के धर्मक्षेत्र में
कौरव पाण्डव एकत्र हुये,
रण के इच्छुक इन वीरों ने
हे संजय, क्या क्या कर्म किये? ।1।

सञ्जय उवाच —
दृष्ट्वा तु पाण्डवानीकं व्यूढं दुर्योधनस्तदा।
आचार्यमुपसङ्गम्य राजा वचनमब्रवीत् ॥२॥

देख कर के पाण्डवों की
व्यूहारूढ़ सेना,
निकट जा के द्रोण के
दुर्योधन यूँ बोला ।2।

पश्यैतां पाण्डुपुत्राणामाचार्य महतीं चमूम्।
व्यूढां द्रुपदपुत्रेण तव शिष्येण धीमता ॥३॥

देखो आचार्य यह
पाण्डवों की वृहत अनी,
व्यूह में आप के शिष्य
धृष्टद्युम्न ने रची ।3।

अत्र शूरा महेष्वासा भीमार्जुनसमा युधि।
युयुधानो विराटश्च द्रुपदश्च महारथः॥४॥

खड़े हैं यहाँ बहुत सारे धनुर्धर
भीम और अर्जुन जैसे प्रतापी योद्धावर,
देखते हैं आप युयुधान और विराट को
पास ही खड़े देखो महारथी द्रुपद को।4।

धृष्टकेतुश्चेकितानः काशिराजश्च वीर्यवान्।
पुरुजित्कुन्तिभोजश्च शैब्यश्च नरपुङ्गवः॥५॥

हैं यहाँ पर धृष्टकेतु और चेकितान
काशी नरेश पुरुजित अति वीर्यवान,
कुन्तिभोज जो पाण्डवों के मातामह
शैब्य भी यहाँ पर वीर नरपुंगव।5।

युधामन्युश्च विक्रान्त उत्तमौजाश्च वीर्यवान्।
सौभद्रो द्रौपदेयाश्च सर्व एव महारथाः॥६॥

युधामन्यु, विक्रान्त,
उत्तमौजा प्रतापी,
सुभद्रा और द्रौपदी के
पुत्र सभी महारथी।6।

अस्माकं तु विशिष्टा ये तान्निबोध द्विजोत्तम।
नायका मम सैन्यस्य संज्ञार्थं तान्ब्रवीमि ते॥७॥

अपने भी जो हैं योद्धा विशिष्ट
जानिये उनको भी हे द्विजश्रेष्ठ,
नायक जो हैं हमारी सेना के
सुनाता हूँ आपको नाम अब उनके।7।

भवान्भीष्मश्च कर्णश्च कृपश्च समितिञ्जयः।
अश्वत्थामा विकर्णश्च सौमदत्तिस्तथैव च ॥८॥

आप, भीष्म, कर्ण, और आचार्य कृप
मिलती है जिन्हें सदा युद्ध में विजय,
बलशाली विकर्ण और अश्वत्थामा
सोमदत्त का पुत्र सभी हैं उत्तम योद्धा।8।

अन्ये च बहवः शूरा मदर्थे त्यक्तजीविताः।
नानाशस्त्रप्रहरणाः सर्वे युद्धविशारदाः॥९॥

और भी हैं बहुत योद्धा सारे
जीवन की आस छोड़ मम हित पधारे,
विविध शस्त्रों के प्रहार में ये कुशल
युद्ध की विद्या में सब हैं विशारद।9।

अपर्याप्तं तदस्माकं बलं भीष्माभिरक्षितम्।
पर्याप्तं त्विदमेतेषां बलं भीमाभिरक्षितम्॥१०॥

अपर्याप्त है वह सेना
हमारी भीष्मरक्षित,
पर्याप्त है यह सेना
उनकी भीमरक्षित।10।

अयनेषु च सर्वेषु यथाभागमवस्थिताः।
भीष्ममेवाभिरक्षन्तु भवन्तः सर्व एव हि॥११॥

सँभल के अपनी अपनी
जगहों पर वीरों,
सुरक्षा भीष्म की
करो रणधीरों।11।

तस्य सञ्जनयन्हर्षं कुरुवृद्धः पितामहः।
सिंहनादं विनद्योच्चैः शङ्खं दध्मौ प्रतापवान्॥१२॥

हर्षित करने को दुर्योधन का मन
कुरुवृद्ध पितामह ने बजाया तब शंख,
सिंहनाद सा शोर हुआ भारी
प्रतापी भीष्म की शोभा बढ़ी न्यारी।12।

ततः शङ्खाश्च भेर्यश्च पणवानकगोमुखाः।
सहसैवाभ्यहन्यन्त स शब्दस्तुमुलोऽभवत्॥१३॥

बजने लगे तब बड़े शंख और ढोल
नगाड़ों और तुरहियों का मचा अति शोर,
बजने लगे सभी वाद्य एक साथ
तुमुल शब्द से वायुमंडल हुआ व्याप्त।13।

ततः श्वेतैर्हयैर्युक्ते महति स्यन्दने स्थितौ।
माधवः पाण्डवश्चैव दिव्यौ शङ्खौ प्रदध्मतुः॥१४॥

आया श्वेत अश्वों से जुता एक महारथ
आसीन जिस पर हैं अर्जुन और कृष्ण,
आ कर के तब शत्रु के सामने
दोनों महावीरों ने बजाये शंख अपने।14।

पाञ्चजन्यं हृषीकेशो देवदत्तं धनञ्जयः।
पौण्ड्रं दध्मौ महाशङ्खं भीमकर्मा वृकोदरः॥१५॥

कृष्ण ने अपना पांचजन्य बजाया
अर्जुन के देवदत्त का नाद छाया,
वृकोदर भीम जिनके भयानक कर्म
बजाया उन्होंने महाशंख पौन्ड्र।15।

अनन्तविजयं राजा कुन्तीपुत्रो युधिष्ठिरः।
नकुलः सहदेवश्च सुघोषमणिपुष्पकौ ॥१६॥

युधिष्ठिर ने बजाया
शंख अनन्तविजय,
नकुल सहदेव ने
सुघोष मणिपुष्पक।16।

काश्यश्च परमेष्वासः शिखण्डी च महारथः।
धृष्टद्युम्नो विराटश्च सात्यकिश्चापराजितः ॥१७॥

पुरुजित शिखंडी
और मत्स्यराज विराट,
धृष्टद्युम्न और सात्यकि ने
शंखध्वनि की साथ।17।

द्रुपदो द्रौपदेयाश्च सर्वशः पृथिवीपते।
सौभद्रश्च महाबाहुः शङ्खान्दध्मुः पृथक्पृथक् ॥१८॥

सुभद्रापुत्र, द्रौपदी के पुत्र
और राजा द्रुपद,
बजाये सभी ने अपने
शंख पृथक् पृथक्।18।

स घोषो धार्तराष्ट्राणां हृदयानि व्यदारयत्।
नभश्च पृथिवीं चैव तुमुलो व्यनुनादयन् ॥१९॥

कौरवों के हृदयों को
करता विदारित,
हुआ तुमुल नाद
क्षिति, नभ में प्रसारित।19।

अथ व्यवस्थितान्दृष्ट्वा धार्तराष्ट्रान्कपिध्वजः।
प्रवृत्ते शस्त्रसंपाते धनुरुद्यम्य पाण्डवः ॥२०॥

देख कर के यह व्यवस्थित कुरु सेना
सुनता हुआ रण शस्त्रों का कलरव,
गांडीव धनुष उठा कर बोला
कृष्ण से यह कपिध्वज पांडव।20।

हृषीकेशं तदा वाक्यमिदमाह महीपते।

अर्जुन उवाच —
सेनयोरुभयोर्मध्ये रथं स्थापय मेऽच्युत ॥२१॥

विनती यह सुनिये मेरी हृषीकेश
देख रहे आप ये सेनायें भूपेश,
कृपा कर के अच्युत रथ मेरा चलाइए
दोनों सेनाओं के मध्य खड़ा करिये।21।

यावदेतान्निरीक्षेऽहं योद्धुकामानवस्थितान्।
कैर्मया सह योद्धव्यमस्मिन्रणसमुद्यमे ॥२२॥

कर सकूँ जिससे मैं
इन वीरों का निरीक्षण,
युद्ध करना ही पड़ेगा
जिनसे मुझे केशव।22।

योत्स्यमानानवेक्षेऽहं य एतेऽत्र समागताः।
धार्तराष्ट्रस्य दुर्बुद्धेर्युद्धे प्रियचिकीर्षवः ॥२३॥

देख सकूँ जिससे मैं इन वीरों को
हैं जो युद्ध की लालसा से युक्त,
आये हैं इस रणभूमि में जो
करने को पापी दुर्योधन का हित।23।

अर्जुन विषाद योग

सञ्जय उवाच —
एवमुक्तो हृषीकेशो गुडाकेशेन भारत।
सेनयोरुभयोर्मध्ये स्थापयित्वा रथोत्तमम् ॥२४॥

सुन कर के वचन यह अर्जुन के
बढ़ाया रथ तब कृष्ण मधुसूदन ने,
मध्य में ला कर दोनों सेनाओं के
उत्तम रथ को खड़ा किया केशव ने।24।

भीष्मद्रोणप्रमुखतः सर्वेषां च महीक्षिताम्।
उवाच पार्थ पश्यैतान् समवेतान्कुरूनिति ॥२५॥

कृष्ण बोले अर्जुन देखो इन कुरुओं को
प्रमुख हैं जिनमें भीष्म और द्रोण,
जिनके पीछे हैं अनेक भूमिपाल
युद्ध को आये हैं मोह जीवन का छोड़।25।

तत्रापश्यत्स्थितान् पार्थः पितॄनथ पितामहान्।
आचार्यान्मातुलान्भ्रातॄन्पुत्रान्पौत्रान्सखींस्तथा ॥२६॥

खड़े होके दोनों सेनाओं के बीच
देखे अर्जुन ने लड़ने को उत्सुक,
पिता पितामह सुहृद और बन्धु
एक दूसरे को मारने को उत्सुक।26।

श्वशुरान् सुहृदश्चैव सेनयोरुभयोरपि।
तान्समीक्ष्य स कौन्तेयः सर्वान्बन्धूनवस्थितान् ॥२७॥

मामा चाचा शिक्षक और मित्र
ससुर जमाई पौत्र और पुत्र,
तैयार लेने को एक दूसरे का जीवन
समीक्षा इस दृश्य की कर रहा अर्जुन।27।

कृपया परयाविष्टो विषीदन्निदमब्रवीत्।

अर्जुन उवाच —
दृष्ट्वेमंस्वजनं कृष्ण युयुत्सुं समुपस्थितम्॥२८॥

परम करुणा से हो कर आविष्ट
विषाद युक्त अर्जुन ने कहे ये वचन,
देख रहे हो कृष्ण, ये युद्धातुर
हैं सभी मेरे बन्धु बान्धव स्वजन।28।

सीदन्ति मम गात्राणि मुखं च परिशुष्यति।
वेपथुश्च शरीरे मे रोमहर्षश्च जायते॥२९॥

शिथिल हो रहे हैं मेरे अंग
मुख मेरा गया है सूख,
काँप रहा है तन मेरा सारा
रोमांचित हो रही है मेरी काया।29।

गाण्डीवं स्रंसते हस्तात्त्वक्चैव परिदह्यते।
न च शक्नोम्यवस्थातुं भ्रमतीव च मे मनः॥३०॥

गांडीव गिर रहा है हाथ से मेरे
त्वचा में हो रही है बड़ी जलन,
असमर्थ हो रहा हूँ खड़ा रहने में
हो रहा है सर्वथा भ्रमित मेरा मन।30।

निमित्तानि च पश्यामि विपरीतानि केशव।
न च श्रेयोऽनुपश्यामि हत्वा स्वजनमाहवे॥३१॥

लग रहे हैं केशव
सारे लक्षण अशुभ,
स्वजनों को मार के
मिलेगा नहीं सुख।31।

न काङ्क्षे विजयं कृष्ण न च राज्यं सुखानि च।
किं नो राज्येन गोविन्द किं भोगैर्जीवितेन वा ॥३२॥

नहीं करता मैं विजय की आकांक्षा
नहीं माँगता मैं राज्य का भी सुख,
राज्य मिलने से होगा क्या भला
भोग और जीवन का भी क्या अर्थ।32।

येषामर्थे काङ्क्षितं नो राज्यं भोगाः सुखानि च।
त इमेऽवस्थिता युद्धे प्राणांस्त्यक्त्वा धनानि च ॥३३॥

करें जिनके लिये हम
राज्य धन की अभिलाषा,
खड़े हैं वही स्वजन यहाँ
छोड़ जीवन की आशा।33।

आचार्याः पितरः पुत्रास्तथैव च पितामहाः।
मातुलाः श्वसुराः पौत्राः श्यालाः सम्बन्धिनस्तथा ॥३४॥

आचार्य पिता
पितामह और पुत्र,
खड़े हैं ससुर मामा
साले सम्बन्धी मित्र।34।

एतान्न हन्तुमिच्छामि घ्नतोऽपि मधुसूदन।
अपि त्रैलोक्यराज्यस्य हेतोः किं नु महीकृते ॥३५॥

मारें ये मुझे तो भी इन्हें
नहीं मारूँगा मधुसूदन,
पृथ्वी क्या त्रिलोकी के भी
राज्य के प्रयोजन।35।

निहत्य धार्तराष्ट्रान्नः का प्रीतिः स्याज्जनार्दन।
पापमेवाश्रयेदस्मान्हत्वैतानाततायिनः ॥३६॥

कर के इन कौरवों का निधन
नहीं मिलेगा हमें कोई श्रेय जनार्दन,
पाप ही लगेगा हमें हे मधुसूदन
कर के इन आतताइयों का हनन।36।

तस्मान्नार्हा वयं हन्तुं धार्तराष्ट्रान् स्वबान्धवान्।
स्वजनं हि कथं हत्वा सुखिनः स्याम माधव ॥३७॥

मारने के योग्य नहीं ये
धृतराष्ट्र-पुत्र, हमारे बान्धव,
स्वजनों को मारके कैसे
मिलेगा हमें सुख, माधव।37।

यद्यप्येते न पश्यन्ति लोभोपहतचेतसः
कुलक्षयकृतं दोषं मित्रद्रोहे च पातकम् ॥३८॥

यद्यपि ये लोभभृष्ट कौरव
देखते नहीं हैं यह घनघोर पाप,
लगेगा इन्हें जो मित्रद्रोह से
और कर के अपने ही कुल का विनाश।38।

कथं न ज्ञेयमस्माभिः पापादस्मान्निवर्तितुम्।
कुलक्षयकृतं दोषं प्रपश्यद्भिर्जनार्दन ॥३९॥

विचार करें हम न क्यों
इस भयानक पाप पर,
अवश्य ही जो पड़ेगा हमें
स्ववंश का नाश कर।39।

कुलक्षये प्रणश्यन्ति कुलधर्माः सनातनाः।
धर्मे नष्टे कुलं कृत्स्नमधर्मोऽभिभवत्युत ॥४०॥

नाश हो जाते हैं कुल क्षय से
कुल धर्म सनातन,
होता है सम्पूर्ण कुल में
जिससे अधर्म का प्रचलन।40।

अधर्माभिभवात्कृष्ण प्रदुष्यन्ति कुलस्त्रियः।
स्त्रीषु दुष्टासु वार्ष्णेय जायते वर्णसङ्करः॥४१॥

अधर्म से होती हैं
कुल स्त्रियाँ दूषित,
स्त्री दोष से कृष्ण
उपजते हैं वर्णसंकर।41।

सङ्करो नरकायैव कुलघ्नानां कुलस्य च।
पतन्ति पितरो ह्येषां लुप्तपिण्डोदकक्रियाः॥४२॥

वर्णसंकरता से कुल और कुलघाती
होते हैं सभी नरक के भागी,
पितरों का भी फिर होता है पतन
होने से पिण्ड जल क्रिया का विलोपन।42।

दोषैरेतैः कुलघ्नानां वर्णसङ्करकारकैः।
उत्साद्यन्ते जातिधर्माः कुलधर्माश्च शाश्वताः॥४३॥

पुरुष जो करते हैं अपने ही वंश का हनन
वर्णसंकरता का वे बनते हैं कारण,
नष्ट हो जाते हैं जिससे जाति धर्म
लुप्त भी होते हैं शाश्वत कुल धर्म।43।

उत्सन्नकुलधर्माणां मनुष्याणां जनार्दन।
नरकेऽनियतं वासो भवतीत्यनुशुश्रुम ॥४४॥

हो गया है जिनके
कुल धर्मों का नाश,
नर वे करते हैं
सभी नरक में निवास।44।

अहो बत महत्पापं कर्तुं व्यवसिता वयम्।
यद्राज्यसुखलोभेन हन्तुं स्वजनमुद्यताः ॥४५॥

कृष्ण है यह बड़े शोक की बात
तुले हैं हम करने पर यह घोर पाप,
राज्य सुख पाने के लोभ में हम
उद्यत हैं करने को यह भीषण दुष्कर्म।45।

यदि मामप्रतीकारमशस्त्रं शस्त्रपाणयः।
धार्तराष्ट्रा रणे हन्युस्तन्मे क्षेमतरं भवेत्॥४६॥

होगी यह मेरे लिये
अति कल्याण की बात,
शस्त्रधारी ये कौरव कर दें
मुझ निहत्थे का विनाश।46।

सञ्जय उवाच —

एवमुक्त्वार्जुनः सङ्ख्ये रथोपस्थ उपाविशत्।
विसृज्य सशरं चापं शोकसंविग्नमानसः ॥४७॥

कर के इन मार्मिक शब्दों का उच्चारण
धनुष और बाणों का कर के त्याग,
बैठ गया अर्जुन रथ में पीछे
शोकाकुल वह हो कर उदास।47।

अध्याय 2
(सांख्य योग)

सञ्जय उवाच —
तं तथा कृपयाविष्टमश्रुपूर्णाकुलेक्षणम्।
विषीदन्तमिदं वाक्यमुवाच मधुसूदनः ॥१॥

देख कर के यूँ अर्जुन को आकुल
अश्रुपूरित आँखें और हृदय करुणातुर,
विषाद करते हुये अर्जुन से राजन्
वाक्य तब ये बोले मधुसूदन।1।

श्रीभगवानुवाच —
कुतस्त्वा कश्मलमिदं विषमे समुपस्थितम्।
अनार्यजुष्टमस्वर्ग्यमकीर्तिकरमर्जुन ॥२॥

कहाँ से इस विषम स्थल में अर्जुन
कुसमय में हुआ इस दुर्बलता का पदार्पण,
श्रेष्ठ पुरुषों का नहीं यह आचरण
स्वर्ग और कीर्ति का भी नहीं यह कारण।2।

क्लैब्यं मा स्म गमः पार्थ नैतत्त्वय्युपपद्यते।
क्षुद्रं हृदयदौर्बल्यं त्यक्त्वोत्तिष्ठ परन्तप ॥३॥

दूर करो इस कायरता को पार्थ
करती नहीं है तुमको यह शोभित,
छोड़ कर यह दीन हृदय की दुर्बलता
खड़े हो तुम युद्ध हित अर्जुन।3।

अर्जुन उवाच —

कथं भीष्ममहं सङ्‌ख्ये द्रोणं च मधुसूदन।
इषुभिः प्रतियोत्स्यामि पूजार्हावरिसूदन ॥४॥

अर्जुन बोला प्रभु मैं कैसे लडूँगा
पूजा योग्य भीष्म और द्रोण से,
करूँगा कैसे मैं प्रहार इन बाणों का
बताओ यह तुम केशव मुझे।4।

गुरूनहत्वा हि महानुभावान् श्रेयो भोक्तुं भैक्ष्यमपीह लोके।
हत्वार्थकामांस्तु गुरूनिहैव भुञ्जीय भोगान्रुधिरप्रदिग्धान् ॥५॥

करूँ मैं इन गुरुजनों की हत्या
श्रेय इसकी तुलना में माँगना भिक्षा,
राज्य सुख हित करूँ गुरुजनों का हनन
रक्ताविष्ट भोगों का करूँ मैं सेवन।5।

न चैतद्विद्मः कतरन्नो गरीयो यद्वा जयेम यदि वा नो जयेयुः।
यानेव हत्वा न जिजीविषामस्तेऽवस्थिताः प्रमुखे धार्तराष्ट्राः ॥६॥

है नहीं हमें इस का भी ज्ञान
किस बात में है हमारा कल्याण,
जीतें ये हमें या हम इन्हें जीतें
किस बात की हमें करनी चाहिये इच्छा,
मार कर के इन धृतराष्ट्र पुत्रों को
नहीं करनी चाहिये हमें जीवन की इच्छा।6।

कार्पण्यदोषोपहतस्वभावः पृच्छामि त्वां धर्मसम्मूढचेताः।
यच्छ्रेयः स्यान्निश्चितं ब्रूहि तन्मे शिष्यस्तेऽहं शाधि मां त्वां प्रपन्नम् ॥७॥

हो रही मुझे यह वास्तविक करुणा
या है यह केवल मेरा मोह,

खोज रहा हूँ मैं अन्धकार में
बताओ कृष्ण मेरा क्या कर्तव्य,
शरण में आ रहा हूँ तुम्हारी
शिष्य हूँ तव, पथ दिखलाओ मुरारी।7।

न हि प्रपश्यामि ममापनुद्याद् यच्छोकमुच्छोषणमिन्द्रियाणाम्।
अवाप्य भूमावसपत्नमृद्धं राज्यं सुराणामपि चाधिपत्यम्॥८॥

मिल भी जाये यदि पृथ्वी का निष्कंटक राज्य
मिले भी यदि देवताओं का साम्राज्य,
नहीं देखता हूँ मैं कोई ऐसा साधन
इन्द्रिय शोषक इस शोक का करे जो निवारण।8।

सञ्जय उवाच —
एवमुक्त्वा हृषीकेशं गुडाकेशः परन्तप।
न योत्स्य इति गोविन्दमुक्त्वा तूष्णीं बभूव ह॥९॥

वचन ऐसे सुना कर हृषीकेश को
गुडाकेश अर्जुन बैठा संतप्त हो कर,
"युद्ध नहीं करूँगा मैं गोविन्द"
बोल कर यह अर्जुन बैठा चुप हो कर।9।

तमुवाच हृषीकेशः प्रहसन्निव भारत।
सेनयोरुभयोर्मध्ये विषीदन्तमिदं वचः॥१०॥

दोनों सेनाओं के मध्य
शोकातुर अर्जुन से, राजन,
मुस्कुराते हुए ये वचन
तब बोले मधुसूदन।10।

अध्याय – 2

श्रीभगवानुवाच —
अशोच्यानन्वशोचस्त्वं प्रज्ञावादांश्च भाषसे।
गतासूनगतासूंश्च नानुशोचन्ति पण्डिताः॥११॥

अशोचनीयों के लिये करते हो शोक
बात करते हो जैसे हो ज्ञानी,
जीवितों या मृतकों दोनों के लिये
शोक नहीं करते हैं पुरुष विज्ञानी।11।

न त्वेवाहं जातु नासं न त्वं नेमे जनाधिपाः।
न चैव न भविष्यामः सर्वे वयमतः परम्॥१२॥

न था कभी समय ऐसा
नहीं थे जब मैं तुम और ये नृप,
न ही कभी आयेगा समय ऐसा
नहीं होंगे जब हम सब।12।

देहिनोऽस्मिन्यथा देहे कौमारं यौवनं जरा।
तथा देहान्तरप्राप्तिर्धीरस्तत्र न मुह्यति॥१३॥

देह में रहता है जो यह जीवधारी
कौमार्य यौवन जरा इस की अवस्थायें सारी,
देहान्त पर प्राप्त करता नव देह
बुद्धिमान करते नहीं इस में सन्देह।13।

मात्रास्पर्शास्तु कौन्तेय शीतोष्णसुखदुःखदाः।
आगमापायिनोऽनित्यास्तांस्तितिक्षस्व भारत॥१४॥

शीत और उष्ण सुख और दुःख
आते हैं इन्द्रियों के, संयोग वश,
जान कर इन सब को अनित्य
सहन इनको करो कुन्ती पुत्र।14।

यं हि न व्यथयन्त्येते पुरुषं पुरुषर्षभ।
समदुःखसुखं धीरं सोऽमृतत्वाय कल्पते॥१५॥

इन्द्रियाँ जिसे नहीं करतीं व्यथित
होता है जो सुख दुःख में सम चित,
अमरत्व के योग्य है पुरुष वह धीर
समझो इस तत्व को अर्जुन रणधीर।15।

नासतो विद्यते भावो नाभावो विद्यते सतः।
उभयोरपि दृष्टोऽन्तस्त्वनयोस्तत्त्वदर्शिभिः॥१६॥

असत् का नहीं कभी होगा अस्तित्व
सत् का नहीं कभी मिटेगा अंस्तित्व,
सन्देह नहीं कोई इन दोनों कथनों में
अर्न्तदृष्टि से जाना तत्वदर्शियों ने।16।

अविनाशि तु तद्विद्धि येन सर्वमिदं ततम्।
विनाशमव्ययस्यास्य न कश्चित्कर्तुमर्हति॥१७॥

जग जिससे व्याप्त है सारा
अविनाशी इस आत्मा को जानो,
नाश करने की इसको किसमें सामर्थ्य
परिवर्तन रहित इस आत्मा को मानो।17।

अन्तवन्त इमे देहा नित्यस्योक्ताः शरीरिणः।
अनाशिनोऽप्रमेयस्य तस्माद्युध्यस्व भारत॥१८॥

नष्ट हो जाती हैं जीवधारी की देहें
जीवधारी किन्तु नहीं होता है नष्ट,
अपरिमित है यह आत्मा अजर अमर
इसलिये अब तू युद्ध कर अर्जुन।18।

य एनं वेत्ति हन्तारं यश्चैनं मन्यते हतम्।
उभौ तौ न विजानीतो नायं हन्ति न हन्यते ॥१९॥

मानता है जो अपने को वधिक
और जो मानता है अपने को वधित,
सत्य नहीं है इन दोनों ने जाना
आत्मा यह न वधिक है न वधित।19।

न जायते म्रियते वा कदाचिन्नायं भूत्वा भविता वा न भूयः।
अजो नित्यः शाश्वतोऽयं पुराणो न हन्यते हन्यमाने शरीरे ॥२०॥

आत्मा यह जन्म-मृत्यु रहित
अस्तित्वसहित से नहीं हो सकता अस्तित्वरहित,
शाश्वत अजन्मा पुरातन और नित्य
वध्य है शरीर किन्तु यह नहीं वध्य।20।

वेदाविनाशिनं नित्यं य एनमजमव्ययम्।
कथं स पुरुषः पार्थ कं घातयति हन्ति कम् ॥२१॥

जानता है इस आत्मा को जो
नित्य अव्यय और अज,
कैसे करेगा या करवायेगा
वह किसी का वध।21।

वासांसि जीर्णानि यथा विहाय नवानि गृह्णाति नरोऽपराणि।
तथा शरीराणि विहाय जीर्णान्यन्यानि संयाति नवानि देही ॥२२॥

जीर्ण हो जाते हैं जब नर के वसन
त्याग उनको पहनता वह नूतन,
शरीर ऐसे ही जब हो जाते जीर्ण
आत्मा को मिलती हैं देहें नवीन।22।

नैनं छिन्दन्ति शस्त्राणि नैनं दहति पावकः।
न चैनं क्लेदयन्त्यापो न शोषयति मारुतः ॥२३॥

छेदते नहीं हैं इसको शस्त्र
जलता नहीं है यह अनल से,
गीला नहीं करता है इसको जल
सूखता नहीं है यह पवन से।23।

अच्छेद्योऽयमदाह्योऽयमक्लेद्योऽशोष्य एव च।
नित्यः सर्वगतः स्थाणुरचलोऽयं सनातनः ॥२४॥

अच्छेद्य, अदाह्य, अशोष्य, अक्लेद्य,
सनातन, स्थिर, यह सर्वव्यापी नित्य।24।

अव्यक्तोऽयमचिन्त्योऽयमविकार्योऽयमुच्यते।
तस्मादेवं विदित्वैनं नानुशोचितुमर्हसि ॥२५॥

आत्मा यह अव्यक्त, अचिन्त्य
कहते हैं इसे बुध विकार रहित,
सोच कर के यह तुम पार्थ
हो जाओ सर्वथा शोक रहित।25।

अथ चैनं नित्यजातं नित्यं वा मन्यसे मृतम्।
तथापि त्वं महाबाहो नैवं शोचितुमर्हसि ॥२६॥

सोचते हो यदि तुम यह आत्मा
मरता है और जन्मता है सदा,
तो भी हे महाबाहु अर्जुन
उचित नहीं है तुम्हें दुःख करना।26।

जातस्य हि ध्रुवो मृत्युर्ध्रुवं जन्म मृतस्य च।
तस्मादपरिहार्येऽर्थे न त्वं शोचितुमर्हसि ॥२७॥

जन्मने वाले की निश्चित है मृत्यु
मरने वाले का निश्चित है जन्म,
जान कर यह अपरिहार्य तथ्य
अर्जुन तुम हो जाओ शोक मुक्त।27।

अव्यक्तादीनि भूतानि व्यक्तमध्यानि भारत।
अव्यक्तनिधनान्येव तत्र का परिदेवना ॥२८॥

आदि में सभी प्राणी अव्यक्त
मध्य में केवल वे होते व्यक्त,
अन्त में फिर वे होते अव्यक्त
शिकायत क्या इसमें है कुन्ती पुत्र।28।

आश्चर्यवत्पश्यति कश्चिदेनमाश्चर्यवद्वदति तथैव चान्यः।
आश्चर्यवच्चैनमन्यः शृणोति श्रुत्वाप्येनं वेद न चैव कश्चित्॥२९॥

आश्चर्यवत कोई सुनते हैं इसको
आश्चर्यवत कोई कहते इसकी बात,
आश्चर्यवत कोई सुनते हैं इसको
कोई सुन के भी नहीं जानते इसको पार्थ।29।

देही नित्यमवध्योऽयं देहे सर्वस्य भारत।
तस्मात्सर्वाणि भूतानि न त्वं शोचितुमर्हसि ॥३०॥

सभी शरीरों में रहता यह आत्मा
है यह अर्जुन नित्य और अवध्य,
शोक करना किसी भी प्राणी के लिये
अतयेव है तेरे नहीं योग्य।30।

स्वधर्ममपि चावेक्ष्य न विकम्पितुमर्हसि।
धर्म्याद्धि युद्धाच्छ्रेयोऽन्यत्क्षत्रियस्य न विद्यते॥३१॥

देख कर के अपना यह धर्म
नहीं हो तू विकम्पित कौन्तेय,
धर्म युद्ध से बड़ा नहीं है
कोई क्षत्रिय के लिये श्रेय।31।

यदृच्छया चोपपन्नं स्वर्गद्वारमपावृतम्।
सुखिनः क्षत्रियाः पार्थ लभन्ते युद्धमीदृशम्॥३२॥

है यह तेरा बड़ा सौभाग्य
खुला तेरे लिये द्वार यह स्वर्ग का,
सुखी हैं वे क्षत्रिय पार्थ
मिलता जिन्हें अवसर ऐसे युद्ध का।32।

अथ चेत्त्वमिमं धर्म्यं सङ्ग्रामं न करिष्यसि।
ततः स्वधर्मं कीर्तिं च हित्वा पापमवाप्स्यसि॥३३॥

धर्मयुक्त संग्राम यह
यदि तू नहीं करेगा,
पाप का भागी हो
स्वधर्म कीर्ति खोयेगा।33।

अकीर्तिं चापि भूतानि कथयिष्यन्ति तेऽव्ययाम्।
सम्भावितस्य चाकीर्तिर्मरणादतिरिच्यते॥३४॥

अनन्त काल तक होगी
तेरी अपकीर्ति की चर्चा,
स्वाभिमानी पुरुष के लिये
इससे मरना ही अच्छा।34।

भयाद्रणादुपरतं मंस्यन्ते त्वां महारथाः।
येषां च त्वं बहुमतो भूत्वा यास्यसि लाघवम्॥३५॥

भय से अर्जुन भाग गया रण से
सोचेंगे यह सारे महारथी,
करते थे जो आज तक तेरा सम्मान
तुच्छ तुझे मानेंगे सारे वही। 35।

अवाच्यवादांश्च बहून्वदिष्यन्ति तवाहिताः।
निन्दन्तस्तव सामर्थ्यं ततो दुःखतरं नु किम्॥३६॥

चाहते हैं जो अहित तेरा
कहेंगे बहुत सारी बातें अनुचित,
करेंगे तेरे सामर्थ्य की निन्दा
होगा क्या अर्जुन इससे बड़ा दुःख। 36।

हतो वा प्राप्स्यसि स्वर्गं जित्वा वा भोक्ष्यसे महीम्।
तस्मादुत्तिष्ठ कौन्तेय युद्धाय कृतनिश्चयः॥३७॥

मरेगा तू यदि तो जायेगा स्वर्ग
यदि जीवित, भोगेगा पृथ्वी का सुख,
सोच कर के यह अब कौन्तेय
युद्ध कर तू हो कृतनिश्चित। 37।

सुखदुःखे समे कृत्वा लाभालाभौ जयाजयौ।
ततो युद्धाय युज्यस्व नैवं पापमवाप्स्यसि॥३८॥

मान कर सुख दुःख को बराबर
लाभ हानि में रहो एक रस,
जय पराजय को समझ कर समान
लड़ने से तुम्हें लगेगा नहीं दोष। 38।

एषा तेऽभिहिता साङ्ख्ये बुद्धिर्योगे त्विमां शृणु।
बुद्ध्या युक्तो यया पार्थ कर्मबन्धं प्रहास्यसि ॥३९॥

सुनी तुम ने पार्थ यह सांख्य की विद्या
सुनो अब तुम कर्म योग का वर्णन,
समझ करोगे यदि अनुसरण इसका
टूट जायेंगे सभी कर्मों के बन्धन।39।

नेहाभिक्रमनाशोऽस्ति प्रत्यवायो न विद्यते।
स्वल्पमप्यस्य धर्मस्य त्रायते महतो भयात्॥४०॥

सफल होता इस योग में अल्प प्रयास भी
नहीं मिलती इस में किसी को असफलता,
थोड़ा सा भी इस धर्म का पालन
करता है महान भय से सुरक्षा।40।

व्यवसायात्मिका बुद्धिरेकेह कुरुनन्दन।
बहुशाखा ह्यनन्ताश्च बुद्धयोऽव्यवसायिनाम्॥४१॥

योगरत कर के बुद्धि एकाग्र
एक लक्ष्य का करता है अनुसरण,
एकाग्र नहीं है बुद्धि जिसकी
अनेक लक्ष्यों का करता है अनुसरण।41।

यामिमां पुष्पितां वाचं प्रवदन्त्यविपश्चितः।
वेदवादरताः पार्थ नान्यदस्तीति वादिनः॥४२॥

अज्ञानी हैं पुरुष बहुत ऐसे
वाग्जाल शब्दों का रचते हैं सुन्दर,
मुदित होते हैं वैदिक कर्मकाण्ड में
कहते हैं नहीं कुछ इससे बेहतर।42।

कामात्मानः स्वर्गपरा जन्मकर्मफलप्रदाम्।
क्रियाविशेषबहुलां भोगैश्वर्यगतिं प्रति ॥४३॥

सकामी पुरुष ये स्वर्ग के इच्छुक
इनके कर्मों का फल है पुनर्जन्म,
करते हैं कर्मकाण्ड बहुत सारे
पाते हैं जिससे बहु भोग ऐश्वर्य।43।

भोगैश्वर्यप्रसक्तानां तयापहृतचेतसाम्।
व्यवसायात्मिका बुद्धिः समाधौ न विधीयते ॥४४॥

भोग और ऐश्वर्य में हैं जो आसक्त
अज्ञान वार्ता ने हर ली है जिनकी बुद्धि,
एकाग्र बुद्धि की नहीं उनमें है क्षमता
प्राप्त नहीं होती बिना जिसके समाधि।44।

त्रैगुण्यविषया वेदा निस्त्रैगुण्यो भवार्जुन।
निर्द्वन्द्वो नित्यसत्त्वस्थो निर्योगक्षेम आत्मवान् ॥४५॥

त्रयोगुणी प्रकृति है वेदों का विषय
किन्तु तू गुणों से मुक्त बन अर्जुन,
हो के सभी द्वन्द्वों से मुक्त
तत्व् ज्ञान में तू हो संस्थापित,
योगक्षेम की भी न कर तू चिन्ता
आत्मवान् बनने की कर तू इच्छा।45।

यावानर्थ उदपाने सर्वतः सम्प्लुतोदके।
तावान्सर्वेषु वेदेषु ब्राह्मणस्य विजानतः ॥४६॥

भरा हो जब चारों ओर पानी
जलाशय नर के लिये होता अर्थहीन,
वैसे ही जो ब्राह्मण आत्मज्ञानी
वैदिक क्रियाओं से हो जाता उदासीन।46।

कर्मण्येवाधिकारस्ते मा फलेषु कदाचन।
मा कर्मफलहेतुर्भूर्मा ते सङ्गोऽस्त्वकर्मणि ॥४७॥

अधिकार है तेरा करने का कर्म
फल पर नहीं कभी तेरा अधिकार,
कर्म न कर तू कर्मफल की इच्छा से
अकर्मण्यता का भी न हो तू शिकार। 47।

योगस्थः कुरु कर्माणि सङ्गं त्यक्त्वा धनञ्जय।
सिद्ध्यसिद्ध्योः समो भूत्वा समत्वं योग उच्यते ॥४८॥

कर्म कर हो योग में स्थित
सभी आसक्तियों से कर के वियोग,
बराबर हो काम का बनना या बिगड़ना
इस समत्व को बुध कहते हैं योग। 48।

दूरेण ह्यवरं कर्म बुद्धियोगाद्धनञ्जय।
बुद्धौ शरणमन्विच्छ कृपणाः फलहेतवः ॥४९॥

तुलना में सकाम कर्म
बुद्धियोग से हीन,
शरण लो बुद्धियोग में
जान कर्मवांछियों को दीन। 49।

बुद्धियुक्तो जहातीह उभे सुकृतदुष्कृते।
तस्माद्योगाय युज्यस्व योगः कर्मसु कौशलम् ॥५०॥

पुरुष जो होता समत्वबुद्धियोग में स्थित
छोड़ जाता है यहीं सभी सुकृत और दुष्कृत,
योग है करना कुशलता से कर्म
इसी योग का तू आश्रय ले अर्जुन। 50।

कर्मजं बुद्धियुक्ता हि फलं त्यक्त्वा मनीषिणः।
जन्मबन्धविनिर्मुक्ताः पदं गच्छन्त्यनामयम्॥५१॥

त्याग देते हैं कर्मजनित फल
ज्ञानी बुद्धियोग के द्वारा,
हो कर के जन्म बन्धन से मुक्त
पाते हैं भयरहित पद न्यारा।51।

यदा ते मोहकलिलं बुद्धिर्व्यतितरिष्यति।
तदा गन्तासि निर्वेदं श्रोतव्यस्य श्रुतस्य च॥५२॥

मोह का वन यह गहन
बुद्धि जब तेरी कर जायेगी पार,
सुनी और अनसुनी सभी श्रुतियाँ
हो जायेंगी तेरे लिये बेकार।52।

श्रुतिविप्रतिपन्ना ते यदा स्थास्यति निश्चला।
समाधावचला बुद्धिस्तदा योगमवाप्स्यसि॥५३॥

वेदों का यह धर्म कर्मकाण्डी
नहीं करेगा जब तेरी बुद्धि को भ्रमित,
हो जायेगी जब बुद्धि तेरी स्थिर
मिल जायेगी तब तुझको समाधि।53।

अर्जुन उवाच —
स्थितप्रज्ञस्य का भाषा समाधिस्थस्य केशव।
स्थितधीः किं प्रभाषेत किमासीत व्रजेत किम्॥५४॥

होते हैं क्या प्रभु लक्षण उसके
स्थितप्रज्ञ है जो समाधिस्थ,
रीति क्या है उसके बोलने की
बैठने की और चलने की।54।

श्रीभगवानुवाच —
प्रजहाति यदा कामान्सर्वान्पार्थ मनोगतान्।
आत्मन्येवात्मना तुष्टः स्थितप्रज्ञस्तदोच्यते ॥५५॥

सभी कामनाओं का कर के उन्मूलन
आत्मानन्द में जो रहता है मग्न,
होता है ऐसा जो पुरुष कौन्तेय
स्थितप्रज्ञ कहलाता है निस्संदेह।55।

दुःखेष्वनुद्विग्नमनाः सुखेषु विगतस्पृहः।
वीतरागभयक्रोधः स्थितधीर्मुनिरुच्यते ॥५६॥

दुःख से न हो उद्विग्न जिसका मन
सुख में भी रहे जो सर्वथा निस्पृह,
राग भय और क्रोध से मिली जिसे मुक्ति
कहलाता है वही मुनि स्थिरबुद्धि।56।

यः सर्वत्रानभिस्नेहस्तत्तत्प्राप्य शुभाशुभम्।
नाभिनन्दति न द्वेष्टि तस्य प्रज्ञा प्रतिष्ठिता ॥५७॥

छिन्न हुये जिसके सभी स्नेहज बन्धन
शुभ का नहीं जो करता अभिनन्दन,
अशुभ से नहीं जो करता है द्वेष
प्रतिष्ठित है उसकी प्रज्ञा गुडाकेश।57।

यदा संहरते चायं कूर्मोऽङ्गानीव सर्वशः।
इन्द्रियाणीन्द्रियार्थेभ्यस्तस्य प्रज्ञा प्रतिष्ठिता ॥५८॥

कर्पर से कच्छप के निकले हुये अंग
संकट पड़ने पर करता उन्हें अन्तरंग,
स्थितप्रज्ञ अपनी इन्द्रियों को वैसे
खींच लेता है उन्हें उनके विषयों से।58।

विषया विनिवर्तन्ते निराहारस्य देहिनः।
रसवर्जं रसोऽप्यस्य परं दृष्ट्वा निवर्तते॥५९॥

हो जाती है जब विषयों से निवृत्ति
रह जाती है तब भी उनसे कुछ रति,
परमात्मा का जब मन में छाता है प्रकाश
हो जाता है उस रति का भी विनाश।59।

यततो ह्यपि कौन्तेय पुरुषस्य विपश्चितः।
इन्द्रियाणि प्रमाथीनि हरन्ति प्रसभं मनः॥६०॥

चाहे कितना भी हो कौन्तेय
साधक बुद्धिमान,
हरण करती हैं उसके मन को
इन्द्रियाँ बलवान।60।

तानि सर्वाणि संयम्य युक्त आसीत मत्परः।
वशे हि यस्येन्द्रियाणि तस्य प्रज्ञा प्रतिष्ठिता॥६१॥

नियंत्रित कर के इन्द्रियों को सारी
मम युक्त हो कर जो होता है स्थित,
वश में हैं जिसके इन्द्रियाँ सारी
कहलाती है उसकी प्रज्ञा प्रतिष्ठित।61।

ध्यायतो विषयान्पुंसः सङ्गस्तेषूपजायते।
सङ्गात्सञ्जायते कामः कामात्क्रोधोऽभिजायते॥६२॥

विषयों का ध्यान जब करता है व्यक्ति
उपजती है तब उनसे आसक्ति,
आसक्ति से होता है कामना का उदय
कामना से होता है क्रोध का उद्भव।62।

क्रोधाद्भवति सम्मोहः सम्मोहात्स्मृतिविभ्रमः।
स्मृतिभ्रंशाद् बुद्धिनाशो बुद्धिनाशात्प्रणश्यति ॥६३॥

क्रोध से होता है मानस भ्रमित
हो जाती है जिस से स्मृति दूषित,
स्मृति दोष से उपजता अविवेक
चूकता पुरुष जिससे जीवन का उद्देश्य।63।

रागद्वेषवियुक्तैस्तु विषयानिन्द्रियैश्चरन्।
आत्मवश्यैर्विधेयात्मा प्रसादमधिगच्छति ॥६४॥

राग द्वेष से जो हो गया है हीन
विषयों के मध्य किन्तु उनमें नहीं लीन,
आत्मा के वश में; आत्मा से नियंत्रित
मिलता है उसको सुख शान्तिजनित।64।

प्रसादे सर्वदुःखानां हानिरस्योपजायते।
प्रसन्नचेतसो ह्याशु बुद्धिः पर्यवतिष्ठते ॥६५॥

इस शान्ति में होता
सभी दुःखों का अन्त,
स्थिर हो जाती है बुद्धि उसकी
जिसका शान्त है चित्त।65।

नास्ति बुद्धिरयुक्तस्य न चायुक्तस्य भावना।
न चाभावयतः शान्तिरशान्तस्य कुतः सुखम् ॥६६॥

असंयुक्त मन में विवेक नहीं होता
अविवेकी में कहाँ ध्यान की क्षमता,
शान्ति मिलती नहीं बिना किये ध्यान
बिना शान्ति के नहीं मिलता कल्याण।66।

अध्याय – 2

इन्द्रियाणां हि चरतां यन्मनोऽनुविधीयते।
तदस्य हरति प्रज्ञां वायुर्नावमिवाम्भसि॥६७॥

इन्द्रियां होती हैं बड़ी चंचल,
करती हैं वह जब मन पर नियंत्रण,
बुद्धि कर जाती ऐसे प्रस्थान
बहा ले जाये नौका को ज्यों पवन बलवान।67।

तस्माद्यस्य महाबाहो निगृहीतानि सर्वशः।
इन्द्रियाणीन्द्रियार्थेभ्यस्तस्य प्रज्ञा प्रतिष्ठिता॥६८॥

हटा दिया है जिसने इन्द्रियों का
उनके विषयों से ध्यान,
प्रज्ञा प्रतिष्ठित उसकी
कहलाती है बलवान।68।

या निशा सर्वभूतानां तस्यां जागर्ति संयमी।
यस्यां जाग्रति भूतानि सा निशा पश्यतो मुनेः॥६९॥

सभी प्राणियों के लिये जो घोर निशि
जाग्रत रहता है उसमें संयमी ऋषि,
समय जागरण का जो प्राणियों के लिये
रात वह होती है मुनि के लिये।69।

आपूर्यमाणमचलप्रतिष्ठंसमुद्रमापः प्रविशन्ति यद्वत्।
तद्वत्कामा यं प्रविशन्ति सर्वे स शान्तिमाप्नोति न कामकामी॥७०॥

गिरता है सतत सागर में नदियों का जल
किन्तु सिन्धु सदा रहता है अविचल,
इच्छायें यूँ ही जिसमें हो के प्रविष्ट
मनसिन्धु को उसके करती नहीं विचलित,
शान्ति का भागी होता है वह पुरुष
न कि जो सदा विषयों का इच्छुक।70।

विहाय कामान्यः सर्वान्पुमांश्चरति निःस्पृहः।
निर्ममो निरहङ्कारः स शान्तिमधिगच्छति ॥७१॥

सभी कामनाओं का जो कर चुका परित्याग
निष्पृहतापूर्ण है जिसका आचार,
अहंकार और ममता से जो वियुक्त
हो जाता है वह पुरुष शान्तियुक्त।71।

एषा ब्राह्मी स्थितिः पार्थ नैनां प्राप्य विमुह्यति।
स्थित्वास्यामन्तकालेऽपि ब्रह्मनिर्वाणमृच्छति ॥७२॥

ऐसे पुरुष की है ब्राह्मी स्थिति
जिसे प्राप्त कर फिर नहीं होता विमोहित,
अंतकाल में भी जिसकी ऐसी मति
ब्रह्मनिर्वाण की उसे मिलती है गति।72।

अध्याय 3
(कर्म योग)

अर्जुन उवाच —
ज्यायसी चेत्कर्मणस्ते मता बुद्धिर्जनार्दन।
तत्किं कर्मणि घोरे मां नियोजयसि केशव ॥१॥

कर्म से उत्तम है यदि ज्ञान
आप के मत में जनार्दन,
लगाते हो इस घोर कर्म में
मुझको क्यों, केशव।1।

व्यामिश्रेणेव वाक्येन बुद्धिं मोहयसीव मे।
तदेकं वद निश्चित्य येन श्रेयोऽहमाप्नुयाम् ॥२॥

मिश्रित वाक्यों से आप
मोहित कर रहे हैं मेरी बुद्धि,
एक निश्चित मत बताइये कृष्ण
होये जिससे कल्याण सिद्धि।2।

श्रीभगवानुवाच —
लोकेऽस्मिन्द्विविधा निष्ठा पुरा प्रोक्ता मयानघ।
ज्ञानयोगेन साङ्ख्यानां कर्मयोगेन योगिनाम् ॥३॥

पुरातन काल में निष्पाप अर्जुन,
परम पद के मैंने बताये थे दो योग,
ज्ञानियों के लिये ज्ञान योग
और योगियों के लिये कर्म योग।3।

न कर्मणामनारम्भान्नैष्कर्म्यं पुरुषोऽश्नुते।
न च संन्यसनादेव सिद्धिं समधिगच्छति ॥४॥

टूटता नहीं है कर्मबन्धन
केवल कर्मों के त्याग से,
न ही मिलती है सिद्धि
केवल संन्यास से।4।

न हि कश्चित्क्षणमपि जातु तिष्ठत्यकर्मकृत्।
कार्यते ह्यवशः कर्म सर्वः प्रकृतिजैर्गुणैः ॥५॥

नहीं जी सकता एक पल भी
किये कर्म बिना कोई,
त्रिगुणों से प्रेरित यह सृष्टि सारी
रहती है निरन्तर कर्मों में खोई।5।

कर्मेन्द्रियाणि संयम्य य आस्ते मनसा स्मरन्।
इन्द्रियार्थान्विमूढात्मा मिथ्याचारः स उच्यते ॥६॥

संयम करता है जो कर्मेन्द्रियों का
करता हुआ किन्तु विषयों का चिन्तन,
दोषी है मिथ्याचार का
पुरुष ऐसा अर्जुन।6।

यस्त्विन्द्रियाणि मनसा नियम्यारभतेऽर्जुन।
कर्मेन्द्रियैः कर्मयोगमसक्तः स विशिष्यते ॥७॥

मन के द्वारा कर के
इन्द्रियों का निग्रह,
उत्तम पुरुष करता है
कर्म निरासक्त।7।

अध्याय – 3

नियतं कुरु कर्म त्वं कर्म ज्यायो ह्यकर्मणः।
शरीरयात्रापि च ते न प्रसिद्ध्येदकर्मणः ॥८॥

अकर्मण्यता से
शास्त्र नियत कर्म है अच्छा,
सम्भव नहीं कर्म बिना
शरीर की भी रक्षा।8।

यज्ञार्थात्कर्मणोऽन्यत्र लोकोऽयं कर्मबन्धनः।
तदर्थं कर्म कौन्तेय मुक्तसङ्गः समाचर ॥९॥

सकाम कर्म जो नहीं यज्ञ तुल्य होता
कर्मबन्धन में है पुरुष को डालता,
इसलिये तुम कौन्तेय,
अनासक्त कर्म करो यज्ञतुल्य।9।

सहयज्ञाः प्रजाः सृष्ट्वा पुरोवाच प्रजापतिः।
अनेन प्रसविष्यध्वमेष वोऽस्त्विष्टकामधुक् ॥१०॥

कल्प के आदि में अर्जुन
प्रजापति ने की थी प्रजा और यज्ञ की सृष्टि,
प्रजा से कहा था कि यज्ञ के ही द्वारा
होगी तुम्हारी सभी इच्छाओं की पूर्ति।10।

देवान्भावयतानेन ते देवा भावयन्तु वः।
परस्परं भावयन्तः श्रेयः परमवाप्स्यथ ॥११॥

यज्ञ से होता है देवताओं का तोषण
देवता करते हैं फिर मानवों का पोषण,
इस परस्पर सहयोग से अर्जुन पापरहित
होता है मानवों और देवों का परम हित।11।

इष्टान्भोगान्हि वो देवा दास्यन्ते यज्ञभाविताः।
तैर्दत्तानप्रदायैभ्यो यो भुङ्क्ते स्तेन एव सः॥१२॥

यज्ञ से वर्धित हो कर देव
देते हैं मनुष्य को वांछित भोग,
बिना यज्ञ के जो भोगता है भोग
पुरुष ऐसा निश्चित ही कहलाता चोर।12।

यज्ञशिष्टाशिनः सन्तो मुच्यन्ते सर्वकिल्बिषैः।
भुञ्जते ते त्वघं पापा ये पचन्त्यात्मकारणात्॥१३॥

यज्ञशिष्ट अन्न का जो करते आहार
हो जाता उन के सभी पापों का परिहार,
दुष्ट जो बनाते केवल अपने लिये भोजन
अपने ही पापों का करते हैं भक्षण।13।

अन्नाद्भवन्ति भूतानि पर्जन्यादन्नसम्भवः।
यज्ञाद्भवति पर्जन्यो यज्ञः कर्मसमुद्भवः॥१४॥

अन्न से ही जीवों का होना है सम्भव
वृष्टि के द्वारा अन्न होता है सम्भव,
वृष्टि सम्भव है यज्ञ के द्वारा
और यज्ञ सम्भव है केवल कर्म के द्वारा।14।

कर्म ब्रह्मोद्भवं विद्धि ब्रह्माक्षरसमुद्भवम्।
तस्मात्सर्वगतं ब्रह्म नित्यं यज्ञे प्रतिष्ठितम्॥१५॥

उत्पत्ति होती है कर्म की ब्रह्म से
और ब्रह्म का उद्भव है अक्षर अविनाशी से,
इसीलिये यह ब्रह्म सर्वव्यापी
होता है प्रतिष्ठित सदा ही यज्ञ में।15।

एवं प्रवर्तितं चक्रं नानुवर्तयतीह यः।
अघायुरिन्द्रियारामो मोघं पार्थ स जीवति ॥१६॥

इस धर्मचक्र का
नहीं जो करता प्रवर्तन,
पापी है वह
उसका निरर्थक जीवन।16।

यस्त्वात्मरतिरेव स्यादात्मतृप्तश्च मानवः।
आत्मन्येव च सन्तुष्टस्तस्य कार्यं न विद्यते ॥१७॥

होती है जिसकी केवल आत्मा से ही प्रीति
आत्मा से ही जिसकी संतुष्टि और तृप्ति,
पहुँच चुका है जो इस अवस्था को मानव
कार्य करने का उसके नहीं कोई प्रयोजन।17।

नैव तस्य कृतेनार्थो नाकृतेनेह कश्चन।
न चास्य सर्वभूतेषु कश्चिदर्थव्यपाश्रयः ॥१८॥

हो चुका है जो सर्वथा स्वार्थहीन
सभी प्राणियों से प्रयोजनविहीन,
स्वतंत्र है वही करने को कर्म
अथवा अर्जुन रहने को निष्कर्म।18।

तस्मादसक्तः सततं कार्यं कर्म समाचर।
असक्तो ह्याचरन्कर्म परमाप्नोति पूरुषः ॥१९॥

कर्म सतत करो अर्जुन
अनासक्त रहके,
परम तत्व को इससे
प्राप्त तुम होगे।19।

कर्मणैव हि संसिद्धिमास्थिता जनकादयः।
लोकसङ्ग्रहमेवापि सम्पश्यन्कर्तुमर्हसि ॥२०॥

लोकसंग्रह हित करो तुम कर्म
राजा जनक ने भी यही समझा था मर्म,
परम सिद्धि मिली थी उनको जैसी
मिलेगी अर्जुन तुझे भी वैसी।20।

यद्यदाचरति श्रेष्ठस्तत्तदेवेतरो जनः।
स यत्प्रमाणं कुरुते लोकस्तदनुवर्तते ॥२१॥

श्रेष्ठ पुरुष का जैसा होता आचार
साधारण पुरुष भी करते वैसा ही व्यवहार,
स्थापित करता है वह आचरण के मानदंड
मानते हैं अन्य फिर उस का उदाहरण।21।

न मे पार्थास्ति कर्तव्यं त्रिषु लोकेषु किञ्चन।
नानवाप्तमवाप्तव्यं वर्त एव च कर्मणि ॥२२॥

नहीं करने को मुझे कोई त्रिलोकी में कार्य
नहीं प्राप्त करनी है कोई वस्तु अप्राप्य,
करता हूँ सतत तो भी मैं कार्य
लोकसंग्रह की इच्छा से पार्थ।22।

यदि ह्यहं न वर्तेयं जातु कर्मण्यतन्द्रितः।
मम वर्त्मानुवर्तन्ते मनुष्याः पार्थ सर्वशः ॥२३॥

अर्जुन मैं यदि नहीं
करूँ कर्म बिना थके,
मेरा ही अनुकरण
सभी मनुष्य करेंगे।23।

उत्सीदेयुरिमे लोका न कुर्यां कर्म चेदहम्।
सङ्करस्य च कर्ता स्यामुपहन्यामिमाः प्रजाः ॥२४॥

मेरे कर्म न करने से अर्जुन
होगा इन सभी लोकों का पतन,
असंगत दिशाहीन होगी प्रजा
बनूँगा मैं उसके हनन का कारण।24।

सक्ताः कर्मण्यविद्वांसो यथा कुर्वन्ति भारत।
कुर्याद्विद्वांस्तथासक्तश्चिकीर्षुर्लोकसङ्ग्रहम् ॥२५॥

अज्ञानी करते हैं आसक्ति से कर्म
हो कर के फल की इच्छा से प्रेरित,
ज्ञानियों को करना चाहिये अनासक्त कर्म
केवल लोकसंग्रह की इच्छा से प्रेरित।25।

न बुद्धिभेदं जनयेदज्ञानां कर्मसङ्गिनाम्।
जोषयेत्सर्वकर्माणि विद्वान्युक्तः समाचरन् ॥२६॥

ज्ञानी जन होंगे यदि कर्म से विरत
आसक्ति से कर्म करने वाले होंगे भ्रमित,
ज्ञानी को प्रस्तुत करना चाहिये उदाहरण
हर्षयुक्त अनासक्त कर्म का अर्जुन।26।

प्रकृतेः क्रियमाणानि गुणैः कर्माणि सर्वशः।
अहङ्कारविमूढात्मा कर्ताहमिति मन्यते ॥२७॥

कर्म किये जाते सभी
प्रकृति के गुणों के द्वारा,
अहंकारी व्यक्ति भ्रमित
लेता कर्तापन सारा।27।

तत्त्ववित्तु महाबाहो गुणकर्मविभागयोः।
गुणा गुणेषु वर्तन्त इति मत्वा न सज्जते॥२८॥

गुणों पर गुणों की क्रिया से
होते हैं सब कर्म,
आसक्त नहीं होते ज्ञानी
जान कर यह मर्म।28।

प्रकृतेर्गुणसम्मूढाः सज्जन्ते गुणकर्मसु।
तानकृत्स्नविदो मन्दान्कृत्स्नविन्न विचालयेत्॥२९॥

भ्रमित हैं माया से पुरुष जो अल्पज्ञानी
गुणकृत स्वकर्मों पर जिनकी आसक्ति,
ज्ञानी पुरुष जिनका ज्ञान है पूर्ण
विचलित नहीं करते इन अल्पज्ञानियों की
मति।29।

मयि सर्वाणि कर्माणि संन्यस्याध्यात्मचेतसा।
निराशीर्निर्ममो भूत्वा युध्यस्व विगतज्वरः॥३०॥

समर्पण करके मुझे कर्म सारे अर्जुन
विशुद्ध आत्मा का करते हुये ध्यान,
आशा और ममता से हो कर वियुक्त
युद्ध कर अर्जुन, हो रहितसन्ताप।30।

ये मे मतमिदं नित्यमनुतिष्ठन्ति मानवाः।
श्रद्धावन्तोऽनसूयन्तो मुच्यन्ते तेऽपि कर्मभिः॥३१॥

मानव जो चलता है
अनुसार इस मत के,
निर्दोष वह श्रद्धायुक्त
मुक्त होता कर्मबन्धन से।31।

ये त्वेतदभ्यसूयन्तो नानुतिष्ठन्ति मे मतम्।
सर्वज्ञानविमूढांस्तान्विद्धि नष्टानचेतसः ॥३२॥

नहीं चलते जो इस मत के अनुसार
करते हैं जो इस धर्म का उपहास,
ज्ञान उनका भ्रमपूर्ण है सारा
नष्ट हो जाते हैं वह बुद्धिरहित।32।

सदृशं चेष्टते स्वस्याः प्रकृतेर्ज्ञानवानपि।
प्रकृतिं यान्ति भूतानि निग्रहः किं करिष्यति ॥३३॥

चेष्टा करते हैं सभी अपने स्वभाव के वश
ज्ञानी भी नहीं परे हैं इस नियम से,
प्राणी सभी करते हैं अपनी प्रकृति का अनुसरण
नहीं होता है सिद्ध कुछ निग्रह से।33।

इन्द्रियस्येन्द्रियस्यार्थे रागद्वेषौ व्यवस्थितौ।
तयोर्न वशमागच्छेत्तौ ह्यस्य परिपन्थिनौ ॥३४॥

स्वाभाविक हैं राग और द्वेष
इन्द्रियों के विषयों से,
सावधान हो अर्जुन
इन्द्रियों के इन विघ्नों से।34।

श्रेयान्स्वधर्मो विगुणः परधर्मात्स्वनुष्ठितात्।
स्वधर्मे निधनं श्रेयः परधर्मो भयावहः ॥३५॥

उचित है स्वधर्म सभी त्रुटियों के सहित
अनुचित है परधर्म सर्वथा दोषरहित,
स्वधर्म में मिली मृत्यु भी सुखकर
भयावह है अति परधर्म का पालन।35।

कर्म योग

अर्जुन उवाच —
अथ केन प्रयुक्तोऽयं पापं चरति पूरुषः।
अनिच्छन्नपि वार्ष्णेय बलादिव नियोजितः ॥३६॥

कौन है पुरुष का
पाप कर्मों में प्रेरक,
इच्छा न हो तो भी
बलपूर्वक, केशव।36।

श्रीभगवानुवाच —
काम एष क्रोध एष रजोगुणसमुद्भवः।
महाशनो महापाप्मा विद्ध्येनमिह वैरिणम् ॥३७॥

काम और क्रोध हैं इस पाप के कारण
उपजते हैं जो रजोगुण से,
सर्वभक्षी पापमय ये दोनों ही अवगुण
शत्रु हैं अर्जुन ये तेरे बड़े सब से।37।

धूमेनाव्रियते वह्निर्यथादर्शो मलेन च।
यथोल्बेनावृतो गर्भस्तथा तेनेदमावृतम् ॥३८॥

अग्नि आवृत्त है धूम से जैसे
दर्पण ढका है धूल से जैसे,
भ्रूण आवृत्त है गर्भ से जैसे
काम ढकता है ज्ञान को वैसे।38।

आवृतं ज्ञानमेतेन ज्ञानिनो नित्यवैरिणा।
कामरूपेण कौन्तेय दुष्पूरेणानलेन च ॥३९॥

आवृत्त है ज्ञान काम से
अग्नि की तरह है इस का व्यवहार,
शान्त नहीं होता यह विषयों के भोग से
वैरी है यह ज्ञानियों का विकराल।39।

इन्द्रियाणि मनो बुद्धिरस्याधिष्ठानमुच्यते।
एतैर्विमोहयत्येष ज्ञानमावृत्य देहिनम्॥४०॥

काम बसता है
मन बुद्धि और इन्द्रियों में,
मोहित करता है वह जीव को
इन्हें आच्छादित कर के।40।

तस्मात्त्वमिन्द्रियाण्यादौ नियम्य भरतर्षभ।
पाप्मानं प्रजहि ह्येनं ज्ञानविज्ञाननाशनम्॥४१॥

संयमित करके इन्द्रियों को सारी
कर दे तू इस काम का पतन,
है बड़ा ही यह धूर्त और कामी
ज्ञान विज्ञान का करता है हनन।41।

इन्द्रियाणि पराण्याहुरिन्द्रियेभ्यः परं मनः।
मनसस्तु परा बुद्धिर्यो बुद्धेः परतस्तु सः॥४२॥

इन्द्रियाँ बड़ी हैं विषयों से,
विषयों से बड़ा है मन,
मन से भी बड़ी है बुद्धि,
और बुद्धि से भी बड़ा है आत्मन्।42।

एवं बुद्धेः परं बुद्ध्वा संस्तभ्यात्मानमात्मना।
जहि शत्रुं महाबाहो कामरूपं दुरासदम्॥४३॥

जान कर के आत्मा को बुद्धि से भी बड़ा
आत्मा के द्वारा कर अहं को संयत,
मार दे इस शत्रु को अर्जुन
कठिन बहुत है पाना इस पर विजय।43।

अध्याय 4
(ज्ञानकर्मसंन्यास योग)

श्रीभगवानुवाच —
इमं विवस्वते योगं प्रोक्तवानहमव्ययम्।
विवस्वान्मनवे प्राह मनुरिक्ष्वाकवेऽब्रवीत्॥१॥

सिखाया था मैंने विवस्वत को
योग यह पुरातन,
विवस्वत से मनु ने और मनु से इक्ष्वाकु ने
सीखा धर्म यह सनातन।1।

एवं परम्पराप्राप्तमिमं राजर्षयो विदुः।
स कालेनेह महता योगो नष्टः परन्तप॥२॥

परम्परागत यह
राजर्षियों का ज्ञान,
लुप्तप्राय है अति
समय बीतने के कारण।2।

स एवायं मया तेऽद्य योगः प्रोक्तः पुरातनः।
भक्तोऽसि मे सखा चेति रहस्यं ह्येतदुत्तमम्॥३॥

पुरातन रहस्य यह
मैंने तुझे बताया,
मित्र मम सखा
तू मुझे है भाया।3।

अध्याय – 4

अर्जुन उवाच —

अपरं भवतो जन्म परं जन्म विवस्वतः।
कथमेतद्विजानीयां त्वमादौ प्रोक्तवानिति ॥४॥

कैसे सम्भव है
तुम्हारी बात यह केशव,
विवस्वत के बहुत बाद
हुआ है तुम्हारा उद्‌भव।4।

श्री भगवानुवाच —

बहूनि मे व्यतीतानि जन्मानि तव चार्जुन।
तान्यहं वेद सर्वाणि न त्वं वेत्थ परन्तप ॥५॥

मेरे और तेरे भी अर्जुन,
हुये हैं जन्म बहुतेरे,
भूल गया है तू
किन्तु मुझे याद हैं सारे।5।

अजोऽपि सन्नव्ययात्मा भूतानामीश्वरोऽपि सन्।
प्रकृतिं स्वामधिष्ठाय सम्भवाम्यात्ममायया ॥६॥

हूँ मैं यद्यपि अजन्मा अविनाशी
सभी प्राणियों का ईश्वर,
योगमाया के बल से होता हूँ प्रकट,
प्रकृति में अपनी स्थित हो कर।6।

यदा यदा हि धर्मस्य ग्लानिर्भवति भारत।
अभ्युत्थानमधर्मस्य तदात्मानं सृजाम्यहम् ॥७॥

अधर्म की जब होती है उन्नति
और होता है धर्म का अभाव,
तब तब मैं अर्जुन अपनी माया के द्वारा
करता हूँ अपना प्रादुर्भाव।7।

परित्राणाय साधूनां विनाशाय च दुष्कृताम्।
धर्मसंस्थापनार्थाय सम्भवामि युगे युगे ॥८॥

करने को साधु जनों का संरक्षण
और करने को आततायियों का मर्दन,
धर्मसंस्थापना की इच्छा के कारण
जन्मता हूँ मैं युग युग में, अर्जुन।8।

जन्म कर्म च मे दिव्यमेवं यो वेत्ति तत्त्वतः।
त्यक्त्वा देहं पुनर्जन्म नैति मामेति सोऽअर्जुन ॥९॥

मेरे इस दिव्य जन्म और कर्म को
जानता है जो पुरुष अत्युत्तम,
आवागमन से हो कर के मुक्त
आता है मेरे निकट वह, अर्जुन।9।

वीतरागभयक्रोधा मन्मया मामुपाश्रिताः।
बहवो ज्ञानतपसा पूता मद्भावमागताः ॥१०॥

छोड़ कर के राग, भय, और क्रोध
अनन्य मन से हो मुझ में ही स्थित,
ज्ञान और तप से हो कर पवित्र
पाया है बहुतों ने मेरे स्वरूप को, अर्जुन।10।

ये यथा मां प्रपद्यन्ते तांस्तथैव भजाम्यहम्।
मम वर्त्मानुवर्तन्ते मनुष्याः पार्थ सर्वशः ॥११॥

जिस भाव से भी भजते हैं मुझ को नर
मिलता हूँ मैं उन को वैसे ही सत्वर,
चलते हैं पाने को मुझ को जिस पर नर
पथ ये सारे ही मेरे हैं, कुरुवर।11।

अध्याय – 4

काङ्क्षन्तः कर्मणां सिद्धिं यजन्त इह देवताः।
क्षिप्रं हि मानुषे लोके सिद्धिर्भवति कर्मजा ॥१२॥

करते हैं नर देवों का यजन
पाने को मनोवांछित फल,
शीघ्र ही उन की पूजा
होती है नरलोक में सफल।12।

चातुर्वर्ण्यं मया सृष्टं गुणकर्मविभागशः।
तस्य कर्तारमपि मां विद्ध्यकर्तारमव्ययम् ॥१३॥

यद्यपि बनाये हैं मैंने ही वर्ण ये चार
विभाजन मानवों का गुणकर्मानुसार,
कर्ता हो कर भी इस कर्म का, अर्जुन
रहता हूँ निर्लिप्त अकर्ता सनातन।13।

न मां कर्माणि लिम्पन्ति न मे कर्मफले स्पृहा।
इति मां योऽभिजानाति कर्मभिर्न स बध्यते ॥१४॥

कर्म नहीं करते हैं मुझे लिप्त
न ही हूँ मैं कर्मफल में आसक्त,
स्वभाव यह मेरा जानता है जो नर
बँधता नहीं है निज कर्मों से वह फिर।14।

एवं ज्ञात्वा कृतं कर्म पूर्वैरपि मुमुक्षुभिः।
कुरु कर्मैव तस्मात्त्वं पूर्वैः पूर्वतरं कृतम् ॥१५॥

जान कर के इस रहस्य को
प्राचीन पुरुषों ने कर्म किये निष्पृह,
शिक्षा ले कर प्राचीनों से उत्तम
कर्म तू भी कर इस भाव से, अर्जुन।15।

किं कर्म किमकर्मेति कवयोऽप्यत्र मोहिताः।
तत्ते कर्म प्रवक्ष्यामि यज्ज्ञात्वा मोक्ष्यसेऽशुभात्॥१६॥

कर्म क्या है, अकर्म क्या है
ऋषिगण भी हैं इस बात पर भ्रमित,
समझाऊँगा मैं तुझे यह रहस्य
जान कर होगा तू अशुभ से रहित।16।

कर्मणो ह्यपि बोद्धव्यं बोद्धव्यं च विकर्मणः।
अकर्मणश्च बोद्धव्यं गहना कर्मणो गतिः॥१७॥

जानने योग्य है कर्म का रहस्य
और कैसी होती है विकर्म की आकृति,
अकर्म का मर्म भी जानने के लायक
गहन अति होती है कर्म की गति।17।

कर्मण्यकर्म यः पश्येदकर्मणि च कर्म यः।
स बुद्धिमान्मनुष्येषु स युक्तः कृत्स्नकर्मकृत्॥१८॥

कर्म में जो देखता है अकर्म
और अकर्म में जो देखता है कर्म,
बुद्धिमान मनुज वह योगी
पूर्ण कौशल से करता सभी कर्म।18।

यस्य सर्वे समारम्भाः कामसङ्कल्पवर्जिताः।
ज्ञानाग्निदग्धकर्माणं तमाहुः पण्डितं बुधाः॥१९॥

हो गये हैं सभी कार्य जिसके
कामना और संकल्प रहित,
ज्ञानाग्नि से जल गये हैं जिसके कर्म
बुधजन उसे कहते हैं पंडित।19।

त्यक्त्वा कर्मफलासङ्गं नित्यतृप्तो निराश्रयः।
कर्मण्यभिप्रवृत्तोऽपि नैव किञ्चित्करोति सः॥२०॥

कर्मफल से जो हो चुका है निरासक्त
संतुष्ट सदा है जो सर्वथा स्वतंत्र,
कर्मप्रवृत्त होने पर भी नर ऐसा
कर्ता नहीं होता किसी भी कर्म का।20।

निराशीर्यतचित्तात्मा त्यक्तसर्वपरिग्रहः।
शारीरं केवलं कर्म कुर्वन्नाप्नोति किल्बिषम्॥२१॥

आशाविहीन कर आत्मचित्तसंयम
त्याग कर के सभी परिग्रह की इच्छा,
कर्म करता है जो केवल शरीर के द्वारा
नहीं लगता है उसे पाप का धब्बा।21।

यदृच्छालाभसन्तुष्टो द्वन्द्वातीतो विमत्सरः।
समः सिद्धावसिद्धौ च कृत्वापि न निबध्यते॥२२॥

संतुष्ट है जो अनायास मिले लाभ से
द्वन्द्वातीत है जो ईर्ष्यारहित,
समान हैं जिसके लिये सफलता और विफलता
कर्म कर के भी वह नहीं कर्म से बँधता।22।

गतसङ्गस्य मुक्तस्य ज्ञानावस्थितचेतसः।
यज्ञायाचरतः कर्म समग्रं प्रविलीयते॥२३॥

आसक्ति से जो हो चुका है मुक्त
ज्ञान में स्थित चित्त है जिसका,
नष्ट हो जाते हैं कर्म सभी उसके
यज्ञ की भावना से उन्हें जो करता।23।

ब्रह्मार्पणं ब्रह्म हविर्ब्रह्माग्नौ ब्रह्मणा हुतम्।
ब्रह्मैव तेन गन्तव्यं ब्रह्मकर्मसमाधिना ॥२४॥

अर्पण ब्रह्म, ब्रह्म है हवि भी
ब्रह्म हवन और ब्रह्म ही होता,
ब्रह्म के ही हैं कर्म जिसके सारे
गन्तव्य उस का नहीं ब्रह्म से परे।24।

दैवमेवापरे यज्ञं योगिनः पर्युपासते।
ब्रह्माग्नावपरे यज्ञं यज्ञेनैवोपजुह्वति ॥२५॥

देवोपासना के लिये कुछ
चढ़ाते हवि यज्ञ में,
चढ़ाते कुछ आत्मा की
आहुति ब्रह्म की अग्नि में।25।

श्रोत्रादीनीन्द्रियाण्यन्ये संयमाग्निषु जुह्वति।
शब्दादीन्विषयानन्य इन्द्रियाग्निषु जुह्वति ॥२६॥

संयम की अग्नि में इन्द्रियों की
आहुति चढ़ाते कुछ जन,
इन्द्रियों की अग्नि में विषयों की
आहुति चढ़ाते कुछ अन्य।26।

सर्वाणीन्द्रियकर्माणि प्राणकर्माणि चापरे।
आत्मसंयमयोगाग्नौ जुह्वति ज्ञानदीपिते ॥२७॥

समर्पित करते हैं कुछ कर्म सभी
किये जाते हैं जो इन्द्रियों और प्राणों के द्वारा,
आत्मसंयम की अग्नि में
प्रज्ज्वलित हुयी है जो ज्ञानदीप के द्वारा।27।

अध्याय – 4

द्रव्ययज्ञास्तपोयज्ञा योगयज्ञास्तथापरे।
स्वाध्यायज्ञानयज्ञाश्च यतयः संशितव्रताः ॥२८॥

कुछ जन करते हैं द्रव्य का यज्ञ,
कुछ अन्यों का यज्ञ है तप,
योग यज्ञ है कुछ औरों का,
कुछ महाव्रतियों का ज्ञानस्वाध्याय।28।

अपाने जुह्वति प्राणं प्राणेऽपानं तथापरे।
प्राणापानगती रुद्ध्वा प्राणायामपरायणाः ॥२९॥

कुछ करते हैं अपान वायु में प्राण वायु का हवन,
अन्य करते हैं प्राण वायु में अपान वायु का हवन,
अन्य योगी कर के प्राण और अपान को रुद्ध
प्राणायाम में होते परायण।29।

अपरे नियताहाराः प्राणान्प्राणेषु जुह्वति।
सर्वेऽप्येते यज्ञविदो यज्ञक्षपितकल्मषाः ॥३०॥

और कुछ कर के नियमित आहार
करते हैं प्राण में प्राण का हवन,
यज्ञ की विधि के ये जानकार
धुल जाते हैं इनके सारे कल्मष।30।

यज्ञशिष्टामृतभुजो यान्ति ब्रह्म सनातनम्।
नायं लोकोऽस्त्ययज्ञस्य कुतोऽन्यः कुरुसत्तम ॥३१॥

करते हैं जो यज्ञशिष्ट अन्न पर निर्वाह
जाते हैं सनातन ब्रह्म के पास,
यज्ञ नहीं करते जो स्वार्थशील
उस जग को क्या इसको भी नहीं करते हैं प्राप्त।31।

एवं बहुविधा यज्ञा वितता ब्रह्मणो मुखे।
कर्मजान्विद्धि तान्सर्वानेवं ज्ञात्वा विमोक्ष्यसे ॥३२॥

कई तरह के ये वेदविहित यज्ञ
साध्य हैं सभी कर्म से,
जान लेता है जब इस तत्व को पुरुष
छूट जाता है कर्मबन्धन से।32।

श्रेयान्द्रव्यमयाद्यज्ञाज्ज्ञानयज्ञः परंतप।
सर्वं कर्माखिलं पार्थ ज्ञाने परिसमाप्यते ॥३३॥

धन और द्रव्य का करते कुछ यज्ञ
उत्तम उसकी तुलना में है ज्ञानयज्ञ,
कर्म करते हैं सभी पुरुष जो अर्जुन
ज्ञान में उनकी पराकाष्ठा है चरम।33।

तद्विद्धि प्रणिपातेन परिप्रश्नेन सेवया।
उपदेक्ष्यन्ति ते ज्ञानं ज्ञानिनस्तत्त्वदर्शिनः ॥३४॥

तत्वदर्शी जो पुरुष ब्रह्मज्ञानी
उपदेश देंगे तुझे इस ज्ञान का उत्तम,
करेगा यदि तू उन की सेवा
कर के अपने को विनय से प्रस्तुत।34।

यज्ज्ञात्वा न पुनर्मोहमेवं यास्यसि पाण्डव।
येन भूतान्यशेषेण द्रक्ष्यस्यात्मन्यथो मयि ॥३५॥

जानकर के इस तत्व को अर्जुन
नहीं होगा तू मोह से भ्रमित,
देखेगा सभी प्राणियों को तू
अपनी आत्मा और मुझ में ही स्थित।35।

अपि चेदसि पापेभ्यः सर्वेभ्यः पापकृत्तमः।
सर्वं ज्ञानप्लवेनैव वृजिनं सन्तरिष्यसि ॥३६॥

बड़ा हो तेरा पाप यदि
सारे प्राणियों के पापों से
लग जायेगा पार तो भी
ज्ञान की नौका से।36।

यथैधांसि समिद्धोऽग्निर्भस्मसात्कुरुतेऽर्जुन।
ज्ञानाग्निः सर्वकर्माणि भस्मसात्कुरुते तथा ॥३७॥

प्रज्ज्वलित अग्नि में जैसे
भस्मसात् होता ईंधन,
भस्म होते हैं वैसे ही
ज्ञान की अग्नि में सारे कर्म।37।

न हि ज्ञानेन सदृशं पवित्रमिह विद्यते।
तत्स्वयं योगसंसिद्धः कालेनात्मनि विन्दति ॥३८॥

नहीं है इस जगत में वस्तु कोई
ज्ञान से बढ़ कर पवित्रकारी,
योगसिद्ध पुरुष को समय आने पर
होती है आत्मा की जानकारी।38।

श्रद्धावाँल्लभते ज्ञानं तत्परः संयतेन्द्रियः।
ज्ञानं लब्ध्वा परां शान्तिमचिरेणाधिगच्छति ॥३९॥

श्रद्धावान् जो संयमित जिसका जीवन
प्राप्त करता है इस ज्ञान को, अर्जुन,
प्राप्त करके यह ज्ञान अत्युत्तम
परम शान्ति उसको मिलती है सत्वर।39।

अज्ञश्चाश्रद्दधानश्च संशयात्मा विनश्यति।
नायं लोकोऽस्ति न परो न सुखं संशयात्मनः ॥४०॥

भरा है जो अश्रद्धा और अज्ञान से
संशयात्मा वह हो जाता है विनष्ट,
इस लोक और परलोक में भी
संशयात्मा को नहीं मिलता है सुख।40।

योगसन्न्यस्तकर्माणं ज्ञानसञ्छिन्नसंशयम्।
आत्मवन्तं न कर्माणि निबध्नन्ति धनञ्जय ॥४१॥

त्याग चुका है सभी कर्मों को जो योग के द्वारा
कर चुका है सारे संशय छिन्न ज्ञान के द्वारा,
प्राप्त कर चुका है आत्मा जो अपनी
होती है उसकी सभी कर्मबन्धनों से मुक्ति।41।

तस्मादज्ञानसम्भूतं हृत्स्थं ज्ञानासिनात्मनः।
छित्त्वैनं संशयं योगमातिष्ठोत्तिष्ठ भारत ॥४२॥

हृदय में जो तेरे स्थित अज्ञान
संशय उससे हुआ है उत्पन्न,
ज्ञान की असि से काट इस संशय को
योगस्थित होकर खड़ा हो तू, अर्जुन।42।

अध्याय 5
(कर्मसंन्यास योग)

अर्जुन उवाच —
संन्यासं कर्मणां कृष्ण पुनर्योगं च शंससि।
यच्छ्रेय एतयोरेकं तन्मे ब्रूहि सुनिश्चितम् ॥१॥

कभी करते हो तुम संन्यास की प्रशंसा
फिर कहते हो संन्यास से कर्मयोग अच्छा,
कौन इनमें से श्रेयस्कर है केशव,
बताओ अपना तुम मत कर निश्चय।1।

श्री भगवानुवाच —
संन्यासः कर्मयोगश्च निःश्रेयसकरावुभौ।
तयोस्तु कर्मसंन्यासात्कर्मयोगो विशिष्यते ॥२॥

संन्यास और कर्मयोग अर्जुन
दोनों ही हैं परम कल्याण के मार्ग,
कर्मत्याग की तुलना में किन्तु
उत्तम है कर्म करना निष्काम।2।

ज्ञेयः स नित्यसंन्यासी यो न द्वेष्टि न काङ्क्षति।
निर्द्वन्द्वो हि महाबाहो सुखं बन्धात्प्रमुच्यते ॥३॥

नहीं करता जो किसी की आकांक्षा
रखता नहीं जो किसी से द्वेष,
संन्यासी नित्य वह सर्वथा निर्द्वन्द्व
सहज हो जाता वह बन्धनमुक्त।3।

साङ्ख्ययोगौ पृथग्बालाः प्रवदन्ति न पण्डिताः।
एकमप्यास्थितः सम्यगुभयोर्विन्दते फलम् ॥४॥

पृथक् मानते हैं सांख्य और योग को
बालबुद्धि जो ज्ञानी नहीं अर्जुन,
पालन करने से किसी भी एक का
होता है दोनों का फलभागी पुरुष।4।

यत्साङ्ख्यैः प्राप्यते स्थानं तद्योगैरपि गम्यते।
एकं साङ्ख्यं च योगं च यः पश्यति स पश्यति ॥५॥

मिलता है स्थान जो सांख्य के द्वारा
पहुँचता है व्यक्ति वहीं योग के द्वारा,
सांख्य और योग में नहीं देखते जो भेद
सत्य देखते वे पुरुष, कौन्तेय।5।

संन्यासस्तु महाबाहो दुःखमाप्तुमयोगतः।
योगयुक्तो मुनिर्ब्रह्म नचिरेणाधिगच्छति ॥६॥

कर्मयोग के बिना
अति कठिन संन्यास,
योगयुक्त मुनि होता
शीघ्र ब्रह्म को प्राप्त।6।

योगयुक्तो विशुद्धात्मा विजितात्मा जितेन्द्रियः।
सर्वभूतात्मभूतात्मा कुर्वन्नपि न लिप्यते ॥७॥

योगयुक्त जिसका विशुद्ध अन्तःकरण
जितेन्द्रिय है जो पा चुका है अहं पर विजय,
आत्मा जिसकी हो चुकी है सभी प्राणियों की आत्मा
स्वकृत कर्मों में वह लिप्त नहीं होता।7।

अध्याय – 5

नैव किञ्चित्करोमीति युक्तो मन्येत तत्त्ववित्।
पश्यञ्शृण्वन्स्पृशञ्जिघ्रन्नश्नन्गच्छन्स्वपञ्श्वसन्॥८॥

"कर्ता नहीं हूँ मैं किसी भी कर्म का,"
तत्वज्ञानी योगी की यह मान्यता,
देखना, सुनना, छूना, या सूँघना
खाना, चलना, सोना, या साँस लेना।8।

प्रलपन्विसृजन्गृह्णन्नुन्मिषन्निमिषन्नपि।
इन्द्रियाणीन्द्रियार्थेषु वर्तन्त इति धारयन्॥९॥

बोलना, पकड़ना, या मलविसर्जन करना
खोलना आँखो का या बन्द करना,
इन्द्रियाँ करतीं केवल अपने विषयों से वर्तन
मानता है यह जो है वह तत्वज्ञ।9।

ब्रह्मण्याधाय कर्माणि सङ्गं त्यक्त्वा करोति यः।
लिप्यते न स पापेन पद्मपत्रमिवाम्भसा॥१०॥

कर सभी कर्मों का ब्रह्म को अर्पण
छोड़ दी जिसने आसक्तियाँ सारी,
ऐसे कर्मयोगी को लगता नहीं पाप
कमलदल पर जैसे रुकता नहीं पानी।10।

कायेन मनसा बुद्ध्या केवलैरिन्द्रियैरपि।
योगिनः कर्म कुर्वन्ति सङ्गं त्यक्त्वात्मशुद्धये॥११॥

शरीर, मन, और बुद्धि से
तथा इन्द्रियों से भी केवल,
योगी करते हैं कर्म, छोड़ कर
आसक्ति, आत्मशुद्धि के हित।11।

युक्तः कर्मफलं त्यक्त्वा शान्तिमाप्नोति नैष्ठिकीम्।
अयुक्तः कामकारेण फले सक्तो निबध्यते ॥१२॥

कर्मफल को त्याग के योगी
प्राप्त करता है सुदृढ़ शान्ति को,
कर्मफल का इच्छुक जो अयुक्त
बँधता है कर्मपाश में वो।12।

सर्वकर्माणि मनसा संन्यस्यास्ते सुखं वशी।
नवद्वारे पुरे देही नैव कुर्वन्न कारयन् ॥१३॥

मन के द्वारा कर सभी कर्मों का त्याग
सुखपूर्वक वह करता है राज्य,
देह की इस पुरी पर जिस में नौ द्वार
कर्ता नहीं वह, न किसी के कर्मों का कारण।13।

न कर्तृत्वं न कर्माणि लोकस्य सृजति प्रभुः।
न कर्मफलसंयोगं स्वभावस्तु प्रवर्तते ॥१४॥

प्रभु नहीं रचता है किसी का कर्तापन या कर्म
न ही रचता है वह कर्मफलसंयोग,
होते हैं यह सभी प्रवर्तित
प्रकृतिजन्य स्वभाव से केवल।14।

नादत्ते कस्यचित्पापं न चैव सुकृतं विभुः।
अज्ञानेनावृतं ज्ञानं तेन मुह्यन्ति जन्तवः ॥१५॥

ग्रहण नहीं करता किसी का
पाप या पुण्य सर्वव्यापी परमात्मा,
ज्ञान आवृत्त है अज्ञान से
मोहित हैं जिससे सभी जीवात्मा।15।

ज्ञानेन तु तदज्ञानं येषां नाशितमात्मनः।
तेषामादित्यवज्ज्ञानं प्रकाशयति तत्परम् ॥१६॥

आत्मज्ञान से नष्ट
हो चुका है जिनका अज्ञान,
करता है उस परम को प्रकाशित
सूर्य की तरह उनका ज्ञान।16।

तद्बुद्धयस्तदात्मानस्तन्निष्ठास्तत्परायणाः।
गच्छन्त्यपुनरावृत्तिं ज्ञाननिर्धूतकल्मषाः ॥१७॥

उस परम में स्थित है जिनकी बुद्धि और आत्मा
आधार है जिनका वह और चरम लक्ष्य,
ज्ञान से धुल जाते हैं उनके सारे कल्मष
नहीं मिलता है उन्हें पुनर्जन्म।17।

विद्याविनयसम्पन्ने ब्राह्मणे गवि हस्तिनि।
शुनि चैव श्वपाके च पण्डिताः समदर्शिनः ॥१८॥

ब्राह्मण हो विद्या, विनय से सम्पन्न
गाय या हाथी जैसा पशु हो विपन्न,
श्वान हो या श्वानभक्षक चान्डाल
पंडितों की दृष्टि सभी पर समान।18।

इहैव तैर्जितः सर्गो येषां साम्ये स्थितं मनः।
निर्दोषं हि समं ब्रह्म तस्माद्ब्रह्मणि ते स्थिताः ॥१९॥

मन जिनका है इस साम्य में स्थित
इस जन्म में ही वे होते जीवन्मुक्त,
ब्रह्म है जो निर्दोष और सम
उस ब्रह्म में वे होते हैं स्थित।19।

न प्रहृष्येत्प्रियं प्राप्य नोद्विजेत्प्राप्य चाप्रियम्।
स्थिरबुद्धिरसम्मूढो ब्रह्मविद् ब्रह्मणि स्थितः ॥२०॥

हर्षित नहीं जो प्राप्त करके प्रिय को
न ही उद्विग्न हो प्राप्त कर अप्रिय को,
स्थिरबुद्धि जो संशय से रहित
परम ब्रह्म में वह होता है स्थित। 20।

बाह्यस्पर्शेष्वसक्तात्मा विन्दत्यात्मनि यत्सुखम्।
स ब्रह्मयोगयुक्तात्मा सुखमक्षयमश्नुते ॥२१॥

बाह्य वस्तुओं में जो नहीं आसक्त
स्वयं में ही जो पाता है सुख,
योग द्वारा जो ब्रह्म से है युक्त
प्राप्त होता है उसे अक्षय सुख। 21।

ये हि संस्पर्शजा भोगा दुःखयोनय एव ते।
आद्यन्तवन्तः कौन्तेय न तेषु रमते बुधः ॥२२॥

विषयभोग से जो मिलते हैं सुख
उत्पन्न होते हैं अर्जुन, उनसे दुःख,
इन सुखों का होता है आदि-अन्त
परम सुख इनमें नहीं पाते बुद्धिमन्त। 22।

शक्नोतीहैव यः सोढुं प्राक्शरीरविमोक्षणात्।
कामक्रोधोद्भवं वेगं स युक्तः स सुखी नरः ॥२३॥

शरीर त्यागने के पूर्व इस लोक में ही
लगा सकता है जो अंकुश,
काम, क्रोध के वेग पर
योगी है वही, सुखी वह पुरुष। 23।

योऽन्तःसुखोऽन्तरारामस्तथान्तर्ज्योतिरेव यः।
स योगी ब्रह्मनिर्वाणं ब्रह्मभूतोऽधिगच्छति ॥२४॥

सुखी है जिसका अन्तःकरण अन्दर के आनन्द से,
ज्ञानज्योति से जिसका हृदय है प्रकाशित,
लीन होता है वह परम ब्रह्म में,
ब्रह्मनिर्वाण की उसे मिलती है गति।24।

लभन्ते ब्रह्मनिर्वाणमृषयः क्षीणकल्मषाः।
छिन्नद्वैधा यतात्मानः सर्वभूतहिते रताः ॥२५॥

पाप जिन ऋषियों के हो चुके हैं नष्ट
ब्रह्मनिर्वाण का वे पाते हैं पद,
मिट चुकी हैं उनकी दुविधायें सारी
योगयुक्त वे सर्वभूतहितरत।25।

कामक्रोधवियुक्तानां यतीनां यतचेतसाम्।
अभितो ब्रह्मनिर्वाणं वर्तते विदितात्मनाम् ॥२६॥

यती हैं जो काम क्रोध से वियुक्त
चित्तवृत्तियों पर है जिनका नियंत्रण,
ब्रह्मनिर्वाण के बहुत ही समीप
हैं वे ब्रह्मज्ञानी मुनिगण।26।

स्पर्शान्कृत्वा बहिर्बाह्यांश्चक्षुश्चैवान्तरे भ्रुवोः।
प्राणापानौ समौ कृत्वा नासाभ्यन्तरचारिणौ ॥२७॥

त्याग करके बाह्य विषय भोगों का
भृकुटियों के बीच कर दृष्टि को स्थित,
सम कर तू उच्छ्वास-निश्वास को
होते हैं जो नासिका के अन्तर्गत विचरित।27।

यतेन्द्रियमनोबुद्धिर्मुनिर्मोक्षपरायणः।
विगतेच्छाभयक्रोधो यः सदा मुक्त एव सः ॥२८॥

नियंत्रित हैं जिनकी इन्द्रियाँ, मन और बुद्धि
उद्देश्य है केवल जिनका मोक्ष,
इच्छाओं, भय, और क्रोध से हैं जो विगत
सदा के लिये वे हो जाते हैं मुक्त।28।

भोक्तारं यज्ञतपसां सर्वलोकमहेश्वरम्।
सुहृदं सर्वभूतानां ज्ञात्वा मां शान्तिमृच्छति ॥२९॥

मैं ही हूं सभी यज्ञों और तपों का भोक्ता
ईश्वर सभी लोकों का, सभी प्राणियों का सुहृद,
जान करके इस मुझ को अर्जुन
योगी को मिलती है शान्ति चरम।29।

अध्याय 6
(आत्मसंयम योग)

श्रीभगवानुवाच —
अनाश्रितः कर्मफलं कार्यं कर्म करोति यः।
स संन्यासी च योगी च न निरग्निर्न चाक्रियः॥१॥

कार्य करता जो करके
कर्मफलों का त्याग,
कहलाता है वही संन्यासी और योगी
न कि जिसने त्यागा कर्मकाण्ड।1।

यं संन्यासमिति प्राहुर्योगं तं विद्धि पाण्डव।
न ह्यसंन्यस्तसङ्कल्पो योगी भवति कश्चन॥२॥

कहते हैं लोग जिसे संन्यास
योग उसे ही पान्डव तुम जानो,
किये बिना संकल्प का त्याग
योगी है कोई, यह नहीं मानो।2।

आरुरुक्षोर्मुनेर्योगं कर्म कारणमुच्यते।
योगारूढस्य तस्यैव शमः कारणमुच्यते॥३॥

योगशिखर पर जो चढ़ने के इच्छुक
मार्ग उनका है निष्काम कर्मयोग,
हो चुके हैं जो योगशिखर पर आरूढ़
मार्ग उनका है सभी कर्मों का शमन।3।

यदा हि नेन्द्रियार्थेषु न कर्मस्वनुषज्जते।
सर्वसङ्कल्पसंन्यासी योगारूढस्तदोच्यते ॥४॥

आसक्त नहीं है जो विषयों में
कर्मों में भी जो नहीं है अनुरक्त,
त्याग दिये हैं जिसने मनोरथ सारे
कहलाता है वह पुरुष योगारूढ़।4।

उद्धरेदात्मनात्मानं नात्मानमवसादयेत्।
आत्मैव ह्यात्मनो बन्धुरात्मैव रिपुरात्मनः ॥५॥

आत्मा के द्वारा करो आत्मा का उद्धार
खोलो नहीं इसके अधोपतन का द्वार,
आत्मा ही केवल आत्मा का मित्र
और यही है केवल इसका शत्रु।5।

बन्धुरात्मात्मनस्तस्य येनात्मैवात्मना जितः।
अनात्मनस्तु शत्रुत्वे वर्तेतात्मैव शत्रुवत् ॥६॥

जीत चुका है जो आत्मा को आत्मा से
आत्मा है उसका प्रिय बन्धु,
जीता नहीं है आत्मा को जिसने
होता है आत्मा ही उसका परम शत्रु।6।

जितात्मनः प्रशान्तस्य परमात्मा समाहितः।
शीतोष्णसुखदुःखेषु तथा मानापमानयोः ॥७॥

शीत-उष्ण में, सुख-दुःख में
प्रशान्त है जो मानापमान में,
आत्मविजयी वह समाहित
होता है परमात्मा में।7।

ज्ञानविज्ञानतृप्तात्मा कूटस्थो विजितेन्द्रियः।
युक्त इत्युच्यते योगी समलोष्टाश्मकाञ्चनः ॥८॥

ज्ञान विज्ञान से जो हो चुका है तृप्त
स्थिरमति जिसने इन्द्रियों को जीता,
युक्त है वह, उसे कहते हैं योगी
समान है जिसे मिट्टी, पत्थर, और सोना।8।

सुहृन्मित्रार्युदासीनमध्यस्थद्वेष्यबन्धुषु।
साधुष्वपि च पापेषु समबुद्धिर्विशिष्यते ॥९॥

उदासीन है जो शत्रु और मित्र में
बन्धु और रिपु में जो मध्यस्थ,
समबुद्धि है जो साधुओं और पापियों में
कहलाता है वह नर परम विशिष्ट।9।

योगी युञ्जीत सततमात्मानं रहसि स्थितः।
एकाकी यतचित्तात्मा निराशीरपरिग्रहः ॥१०॥

करना चाहिये सतत आत्मा पर ध्यान
एकान्त में योगी को होकर एकाकी,
मन और इन्द्रियों पर करके नियंत्रण
त्याग सभी आशाओं को बनके अपरिग्रही।10।

शुचौ देशे प्रतिष्ठाप्य स्थिरमासनमात्मनः।
नात्युच्छ्रितं नातिनीचं चैलाजिनकुशोत्तरम् ॥११॥

खोज करके एक स्वच्छ स्थान
है नहीं जो अधिक ऊँचा या नीचा,
बिछा कर उस पर कुशा, मृगचर्म, और वस्त्र
स्थिर आसन पर प्रतिष्ठित योगी होता।11।

तत्रैकाग्रं मनः कृत्वा यतचित्तेन्द्रियक्रियः।
उपविश्यासने युञ्ज्याद्योगमात्मविशुद्धये ॥१२॥

एकाग्र मन से बैठता है योगी
करके चित्त और इन्द्रियों की शुद्धि,
तत्पर होता है योगाभ्यास पर
करने को अन्तःकरण की विशुद्धि।12।

समं कायशिरोग्रीवं धारयन्नचलं स्थिरः।
सम्प्रेक्ष्य नासिकाग्रं स्वं दिशश्चानवलोकयन् ॥१३॥

सीधा रखते हुये तनु, शिर, और ग्रीवा को
बैठता है वह अचल और स्थिर,
देखता हुआ केवल नासिका के अग्रभाग को
दृष्टि नहीं डालता वह अन्य दिशाओं पर।13।

प्रशान्तात्मा विगतभीर्ब्रह्मचारिव्रते स्थितः।
मनः संयम्य मच्चित्तो युक्त आसीत मत्परः ॥१४॥

प्रशान्तचित्त है जो विगत सभी भय से
ब्रह्मचर्य व्रत में है जो स्थित,
संयमित मन से चित्त कर मुझ पर
बैठता है वह मम परायण हो युक्त।14।

युञ्जन्नेवं सदात्मानं योगी नियतमानसः।
शान्तिं निर्वाणपरमां मत्संस्थामधिगच्छति ॥१५॥

युक्त है सदा जो आत्मा से योगी
मानस है जिसका सदा संयमित,
पाता है वह परमनिर्वाण की शान्ति
हो करके मेरे साथ में स्थित।15।

नात्यश्नतस्तु योगोऽस्ति न चैकान्तमनश्नतः।
न चातिस्वप्नशीलस्य जाग्रतो नैव चार्जुन ॥१६॥

योगी नहीं वह जो करे अत्यधिक भोजन
न ही वह जो सदा करता है अनसन,
योगी नहीं वह भी जो सोता है बहुत
न ही वह जो सदा निद्रा से वंचित।16।

युक्ताहारविहारस्य युक्तचेष्टस्य कर्मसु।
युक्तस्वप्नावबोधस्य योगो भवति दुःखहा ॥१७॥

संतुलित है जिसका आहार विहार
कर्म करता है जो संयम के अनुसार,
संतुलित है जिसकी निद्रा और जागरण
योग करता है उसके दुःखों का हरण।17 ।

यदा विनियतं चित्तमात्मन्येवावतिष्ठते।
निःस्पृहः सर्वकामेभ्यो युक्त इत्युच्यते तदा ॥१८॥

वश में करके निज चित्त को योगी
आत्मा में ही जब होता है प्रतिष्ठित,
निष्पृह होता है जब कामनाओं से सभी
बुध जन उसे तब कहते हैं युक्त।18।

यथा दीपो निवातस्थो नेङ्गते सोपमा स्मृता।
योगिनो यतचित्तस्य युञ्जतो योगमात्मनः ॥१९॥

हिलती नहीं है दीपक की लौ
निर्वात स्थान में जैसे,
आत्मयुक्त योगी का चित्त भी
स्थिर होता है वैसे।19।

यत्रोपरमते चित्तं निरुद्धं योगसेवया।
यत्र चैवात्मनात्मानं पश्यन्नात्मनि तुष्यति ॥२०॥

योगसेवन से होकर निरुद्ध
रुक जाती है जहाँ चित्त की गति,
वहाँ निहारता है आत्मा स्वयं को
पाता है वह स्वयं में ही संतुष्टि।20।

सुखमात्यन्तिकं यत्तद्बुद्धिग्राह्यमतीन्द्रियम्।
वेत्ति यत्र न चैवायं स्थितश्चलति तत्त्वतः ॥२१॥

जानता है तब वह चरम सुख
ग्राह्य जो बुद्धि से किन्तु परे इन्द्रियों से,
स्थित होकर इस चरम सुख में
विचलित नहीं होता है वह सत्य से।21।

यं लब्ध्वा चापरं लाभं मन्यते नाधिकं ततः।
यस्मिन्स्थितो न दुःखेन गुरुणापि विचाल्यते ॥२२॥

प्राप्त करके इस परम लाभ को
नहीं लगता है कोई और लाभ अधिक,
स्थित होकर जिसमें कौन्तेय,
महान दुःख से भी नहीं होता है विचलित।22।

तं विद्याद्दुःखसंयोगवियोगं योगसञ्ज्ञितम्।
स निश्चयेन योक्तव्यो योगोऽनिर्विण्णचेतसा ॥२३॥

होता है जो यह दुःखसंयोग से वियोग
इसको ही बुध जन कहते हैं योग,
करना चाहिये इस योग का अभ्यास
दृढ़ निश्चय और उत्साह के साथ।23।

सङ्कल्पप्रभवान्कामांस्त्यक्त्वा सर्वानशेषतः।
मनसैवेन्द्रियग्रामं विनियम्य समन्ततः॥२४॥

त्याग करके सभी
कामनायें संकल्पजनित,
और करके सभी
इन्द्रियों को मन से नियंत्रित।24।

शनैः शनैरुपरमेद्बुद्ध्या धृतिगृहीतया।
आत्मसंस्थं मनः कृत्वा न किञ्चिदपि चिन्तयेत्॥२५॥

शनैः शनैः करता निज चित्त को शान्त
बुद्धि से जो है सुदृढ़, सुनियंत्रित,
स्थित करके आत्मा में मन
छोड़ देता है अन्य विषयों का चिन्तन।25।

यतो यतो निश्चरति मनश्चञ्चलमस्थिरम्।
ततस्ततो नियम्यैतदात्मन्येव वशं नयेत्॥२६॥

जब जब अनस्थिर मन करे
संसार में विचरण,
लौटा के करो उसका
आत्मा से नियंत्रण।26।

प्रशान्तमनसं ह्येनं योगिनं सुखमुत्तमम्।
उपैति शान्तरजसं ब्रह्मभूतमकल्मषम्॥२७॥

प्रशान्त हो चुका है मानस जिसका
योगी वह पाता है सुख उत्तम,
शान्त हो गई हैं जिसकी वासनायें सारी
होता है उस निष्पाप का ब्रह्म से एकीकरण।27।

युञ्जन्नेवं सदात्मानं योगी विगतकल्मषः।
सुखेन ब्रह्मसंस्पर्शमत्यन्तं सुखमश्नुते ॥२८॥

करता है सतत योगाभ्यास
पापमुक्त हो करके योगी,
सहज ही कर ब्रह्म का स्पर्श
होता है परम सुख का भागी। 28।

सर्वभूतस्थमात्मानं सर्वभूतानि चात्मनि।
ईक्षते योगयुक्तात्मा सर्वत्र समदर्शनः ॥२९॥

देखता है वह आत्मा को सभी प्राणियों में
और सभी प्राणियों को आत्मा में उपस्थित,
योग द्वारा आत्मा से मुक्त जो योगी
सर्वत्र करता है उसी आत्मा का दर्शन। 29।

यो मां पश्यति सर्वत्र सर्वं च मयि पश्यति।
तस्याहं न प्रणश्यामि स च मे न प्रणश्यति ॥३०॥

देखता है सर्वत्र जो मुझको ही
और देखता है मुझमें ही सब को,
नहीं होता है कभी जुदा वह मुझसे
न ही होता हूँ मैं जुदा कभी उससे। 30।

सर्वभूतस्थितं यो मां भजत्येकत्वमास्थितः।
सर्वथा वर्तमानोऽपि स योगी मयि वर्तते ॥३१॥

एकत्व भाव में हो करके आस्थित
भजता है मुझको जो सभी प्राणियों में स्थित,
रहता हो कहीं भी पुरुष जो ऐसा
रहता है वह मुझमें ही सर्वथा। 31।

आत्मौपम्येन सर्वत्र समं पश्यति योऽर्जुन।
सुखं वा यदि वा दुःखं स योगी परमो मतः ॥३२॥

समझता है जो औरों के सुख-दुःख को
अपने ही सुख-दुःख की तरह,
समदर्शी जो पुरुष अर्जुन,
परम योगी है मेरे मत में वह।32।

अर्जुन उवाच —
योऽयं योगस्त्वया प्रोक्तः साम्येन मधुसूदन।
एतस्याहं न पश्यामि चञ्चलत्वात्स्थितिं स्थिराम् ॥३३॥

साम्य योग जो यह आप ने
बताया मुझको मधुसूदन,
होगी स्थिर इसकी स्थिति कैसे
चंचल इतना है जब मानव का मन ?।33।

चञ्चलं हि मनः कृष्ण प्रमाथि बलवद्दृढम्।
तस्याहं निग्रहं मन्ये वायोरिव सुदुष्करम् ॥३४॥

है अति चंचल हे कृष्ण यह मन
हठीला, बलवान और प्रचंड,
निग्रह करना इसका दुष्कर है ऐसे
बाँधना पवन को केशव हो जैसे।34।

श्रीभगवानुवाच —
असंशयं महाबाहो मनो दुर्निग्रहं चलम्।
अभ्यासेन तु कौन्तेय वैराग्येण च गृह्यते ॥३५॥

सत्य है अर्जुन कि मन बड़ा चंचल
सत्य है इसका निग्रह बड़ा दुष्कर,
करना वश में किन्तु इसको है सम्भव
अभ्यास और वैराग्य के द्वारा धनंजय।35।

असंयतात्मना योगो दुष्प्राप इति मे मतिः।
वश्यात्मना तु यतता शक्योऽवाप्तुमुपायतः ॥३६॥

कठिन है योग प्राप्ति
असंयत मन वाले को,
सम्भव है यह उचित
उपाय से संयमी को। 36।

अर्जुन उवाच —
अयतिः श्रद्धयोपेतो योगाच्चलितमानसः।
अप्राप्य योगसंसिद्धिं कां गतिं कृष्ण गच्छति ॥३७॥

श्रद्धायुक्त पुरुष जो नहीं कर पाया संयम
विचलित हो गया है योग से जिसका मन,
प्राप्त नहीं हुयी है जिसे योगसिद्धि
होती है कृष्ण, उसकी क्या गति? । 37।

कच्चिन्नोभयविभ्रष्टश्छिन्नाभ्रमिव नश्यति।
अप्रतिष्ठो महाबाहो विमूढो ब्रह्मणः पथि ॥३८॥

भ्रष्ट हो कर दोनों लोकों से
नष्ट नहीं होता क्या वह जैसे छिन्न भिन्न बादल,
आश्रयहीन वह पुरुष केशव
विमूढ़ होकर वह ब्रह्म के पथ पर? । 38।

एतन्मे संशयं कृष्ण छेत्तुमर्हस्यशेषतः।
त्वदन्यः संशयस्यास्य छेत्ता न ह्युपपद्यते ॥३९॥

निवारण पूर्ण रूप से
इस संशय का करो केशव,
तुम्हारे बिना इसका
उन्मूलन नहीं सम्भव। 39।

अध्याय – 6

श्रीभगवानुवाच —
पार्थ नैवेह नामुत्र विनाशस्तस्य विद्यते।
न हि कल्याणकृत्कश्चिद्दुर्गतिं तात गच्छति ॥४०॥

न इस लोक में, न उस लोक में ही पार्थ
होता है ऐसे पुरुष का विनाश,
शुभ कर्मों का कर्ता हे तात,
नहीं होता कभी दुर्गति को प्राप्त।40।

प्राप्य पुण्यकृतां लोकानुषित्वा शाश्वतीः समाः।
शुचीनां श्रीमतां गेहे योगभ्रष्टोऽभिजायते ॥४१॥

जाता है उन लोकों में जहाँ रहते पुण्यात्मा
बहुत वर्षों तक वहाँ करता है वास,
जन्मता है योगभ्रष्ट किसी पवित्र परिवार में
सुख समृद्धियाँ जिन्हें सारी हैं प्राप्त।41।

अथवा योगिनामेव कुले भवति धीमताम्।
एतद्धि दुर्लभतरं लोके जन्म यदीदृशम् ॥४२॥

अथवा जन्मता है वह
ज्ञानी योगियों के कुल में,
सौभाग्य ऐसा है
अति दुर्लभ संसार में।42।

तत्र तं बुद्धिसंयोगं लभते पौर्वदेहिकम्।
यतते च ततो भूयः संसिद्धौ कुरुनन्दन ॥४३॥

प्राप्त करता है नर वह
पूर्व जन्म में अर्जित सद्बुद्धि,
प्रयत्न करता है वह कुरुनन्दन,
पाने को पूर्ण सिद्धि।43।

पूर्वाभ्यासेन तेनैव ह्रियते ह्यवशोऽपि सः।
जिज्ञासुरपि योगस्य शब्दब्रह्मातिवर्तते ॥४४॥

पूर्वाभ्यास से प्रेरित वह नर
इच्छा विरुद्ध भी सन्मार्ग पर जाता है,
जिज्ञासु मात्र भी जो योग का, अर्जुन
केवल शब्दज्ञान के पार पहुँच जाता है। 44।

प्रयत्नाद्यतमानस्तु योगी संशुद्धकिल्बिषः।
अनेकजन्मसंसिद्धस्ततो याति परां गतिम् ॥४५॥

प्रयत्न करता है जो संयमित चित्त से
कटते उस योगी के सारे पाप,
अनेक जन्मों में पाकर पूर्ण सिद्धि
परम गति को वह होता है प्राप्त। 45।

तपस्विभ्योऽधिको योगी ज्ञानिभ्योऽपि मतोऽधिकः।
कर्मिभ्यश्चाधिको योगी तस्माद्योगी भवार्जुन ॥४६॥

उत्तम है योगी तपस्वियों से
ज्ञानियों से भी है वह श्रेष्ठ,
उत्तम है वह कर्मकाण्डियों से भी
इसलिये तू योगी बन, अर्जुन। 46।

योगिनामपि सर्वेषां मद्गतेनान्तरात्मना।
श्रद्धावान्भजते यो मां स मे युक्ततमो मतः ॥४७॥

इन सभी योगियों में भी
अन्तरात्मा के द्वारा जो पहुँचता है मुझ तक,
श्रद्धावान् जो भजता है मुझको
है वह मेरे मत में श्रेष्ठतम। 47।

अध्याय 7
(ज्ञान-विज्ञान योग)

श्रीभगवानुवाच —
मय्यासक्तमनाः पार्थ योगं युञ्जन्मदाश्रयः।
असंशयं समग्रं मां यथा ज्ञास्यसि तच्छृणु ॥१॥

रमा कर मन को मुझमें पार्थ
आश्रित मुझ पर करते हुये योगाभ्यास,
जानोगे जैसे मुझे पूर्णतया
सुनाऊँगा तुम्हें अब वह ज्ञान।1।

ज्ञानं तेऽहं सविज्ञानमिदं वक्ष्याम्यशेषतः।
यज्ज्ञात्वा नेह भूयोऽन्यज्ज्ञातव्यमवशिष्यते ॥२॥

समझाऊँगा तुझे मैं
यह ज्ञान-विज्ञान अशेष,
जानके जिसे नहीं रहता
कुछ जानने को शेष।2।

मनुष्याणां सहस्रेषु कश्चिद्यतति सिद्धये।
यततामपि सिद्धानां कश्चिन्मां वेत्ति तत्त्वतः ॥३॥

हजारों में कोई एक
करता है सिद्धि का प्रयत्न,
इनमें भी कोई बिरला ही
जानता है मेरा तत्व।3।

भूमिरापोऽनलो वायुः खं मनो बुद्धिरेव च।
अहङ्कार इतीयं मे भिन्ना प्रकृतिरष्टधा ॥४॥

पृथ्वी, जल, अग्नि, वायु
आकाश, मन और बुद्धि,
अहंकार के सहित इन आठ में
विभक्त है मेरी प्रकृति।4।

अपरेयमितस्त्वन्यां प्रकृतिं विद्धि मे पराम्।
जीवभूतां महाबाहो ययेदं धार्यते जगत् ॥५॥

पार्थ आठ प्रकार की मेरी
इस जड़ प्रकृति को जानो,
पृथक् इससे है मेरी चेतन प्रकृति
धारित इससे सारा जग मानो।5।

एतद्योनीनि भूतानि सर्वाणीत्युपधारय।
अहं कृत्स्नस्य जगतः प्रभवः प्रलयस्तथा ॥६॥

प्रकृति मेरी है गर्भ वह अर्जुन
जन्मते हैं जिससे सभी प्राणीगण,
मैं ही हूँ अर्जुन सारे जग की
उत्पत्ति और प्रलय का भी कारण।6।

मत्तः परतरं नान्यत्किञ्चिदस्ति धनञ्जय।
मयि सर्वमिदं प्रोतं सूत्रे मणिगणा इव ॥७॥

वस्तु नहीं है धनंजय
इस जग में मेरे सिवा कोई,
गुँथा है मुझमें यह सारा विश्व
सूत्र में मणियाँ हों जैसे पिरोयी।7।

रसोऽहमप्सु कौन्तेय प्रभास्मि शशिसूर्ययोः।
प्रणवः सर्ववेदेषु शब्दः खे पौरुषं नृषु॥८॥

रस हूँ मैं जल में
प्रभा शशि, सूर्य में,
वेदों में ओम्, शब्द आकाश में
और पौरुष हूँ पुरुषों में।8।

पुण्यो गन्धः पृथिव्यां च तेजश्चास्मि विभावसौ।
जीवनं सर्वभूतेषु तपश्चास्मि तपस्विषु॥९॥

पुण्य गन्ध पृथ्वी में हूँ मैं
अग्नि की ज्वाला में हूँ मैं चमक,
जीवन हूँ मैं सभी प्राणियों में
और तपस्वियों में तप।9।

बीजं मां सर्वभूतानां विद्धि पार्थ सनातनम्।
बुद्धिर्बुद्धिमतामस्मि तेजस्तेजस्विनामहम्॥१०॥

सनातन बीज सभी
प्राणियों का मुझे जानो,
बुद्धिमानों में बुद्धि और
तेजस्वियों में तेज मुझे मानो।10।

बलं बलवतां चाहं कामरागविवर्जितम्।
धर्माविरुद्धो भूतेषु कामोऽस्मि भरतर्षभ॥११॥

बलवान हैं जो काम राग से मुक्त
बल हूँ मैं उनमें हे पार्थ,
विरोध नहीं है धर्म से जिन प्राणियों का
काम हूँ मैं उनमें निःस्वार्थ।11।

ये चैव सात्त्विका भावा राजसास्तामसाश्च ये।
मत्त एवेति तान्विद्धि न त्वहं तेषु ते मयि ॥१२॥

सात्विक, राजसिक, और तामसिक
भावनायें सभी उपजती हैं मुझसे,
मैं नहीं हूँ इनमें किन्तु
हैं ये सारी मुझमें।12।

त्रिभिर्गुणमयैर्भावैरेभिः सर्वमिदं जगत्।
मोहितं नाभिजानाति मामेभ्यः परमव्ययम् ॥१३॥

मोहित यह सारा जगत
इन त्रिगुणजनित भावों से,
पहचानता नहीं मुझ अविनाशी को
परे है जो इन गुणों से।13।

दैवी ह्येषा गुणमयी मम माया दुरत्यया।
मामेव ये प्रपद्यन्ते मायामेतां तरन्ति ते ॥१४॥

दैवी यह मेरी गुणमयी
माया अति दुर्गम,
पार करना इसे केवल
मेरे भक्तों को है सुगम।14।

न मां दुष्कृतिनो मूढाः प्रपद्यन्ते नराधमाः।
माययापहृतज्ञाना आसुरं भावमाश्रिताः ॥१५॥

मूढ़ हैं जो दुष्कर्मों में रत
नहीं भजते हैं वे मुझको दुष्कृत,
माया के द्वारा जिनका ज्ञान है अपहृत
आसुरी भाव में वे रहते हैं आश्रित।15।

चतुर्विधा भजन्ते मां जनाः सुकृतिनोऽर्जुन।
आर्तो जिज्ञासुरर्थार्थी ज्ञानी च भरतर्षभ ॥१६॥

चार प्रकार के सुजन
भक्त मेरे हैं पार्थ,
ज्ञानी, अर्थार्थी,
जिज्ञासु, और आर्त।16।

तेषां ज्ञानी नित्ययुक्त एकभक्तिर्विशिष्यते।
प्रियो हि ज्ञानिनोऽत्यर्थमहं स च मम प्रियः ॥१७॥

इन में भी है ज्ञानी विशिष्ट
एक की भक्ति में सदा जो स्थित,
वस्तुतः ज्ञानी है प्रिय बहुत मुझको
वैसे ही मैं भी हूँ प्रिय बहुत उसको।17।

उदाराः सर्व एवैते ज्ञानी त्वात्मैव मे मतम्।
आस्थितः स हि युक्तात्मा मामेवानुत्तमां गतिम् ॥१८॥

श्रेष्ठ सभी हैं अर्जुन ये भक्त
किन्तु ज्ञानी तो स्वयं मेरा ही स्वरूप,
युक्तात्मा वह स्थिरबुद्धि योगी
सदा रहता है मुझमें ही स्थित।18।

बहूनां जन्मनामन्ते ज्ञानवान्मां प्रपद्यते।
वासुदेवः सर्वमिति स महात्मा सुदुर्लभः ॥१९॥

बहुत से जन्मों के अन्त में
होता है ज्ञानी आश्रित मुझमें,
"अन्य नहीं है कुछ सिवा वासुदेव के"
देखने वाला ऐसा दुर्लभ है जग में।19।

कामैस्तैस्तैर्हृतज्ञानाः प्रपद्यन्तेऽन्यदेवताः।
तं तं नियममास्थाय प्रकृत्या नियताः स्वया॥२०॥

हर लिया है ज्ञान जिनका विषयों ने
करते हैं वे अन्य देवों का भजन,
होके अपने स्वभाव के वश में
विविध नियमों का करते वे पालन।20।

यो यो यां यां तनुं भक्तः श्रद्धयार्चितुमिच्छति।
तस्य तस्याचलां श्रद्धां तामेव विदधाम्यहम्॥२१॥

करना चाहता है जिस भी स्वरूप का
कोई श्रद्धा से अर्चन,
करता हूँ मैं उस स्वरूप में ही
उसकी आस्था अचल।21।

स तया श्रद्धया युक्तस्तस्याराधनमीहते।
लभते च ततः कामान्मयैव विहितान्हि तान्॥२२॥

होकर के उस श्रद्धा से युक्त
करता है वह उस देव की आराधना,
पाता है वह मनोवांछित फल
पूरी करता हूँ मैं उसकी कामना।22।

अन्तवत्तु फलं तेषां तद्भवत्यल्पमेधसाम्।
देवान्देवयजो यान्ति मद्भक्ता यान्ति मामपि॥२३॥

क्षणिक हैं यह फल, अर्जुन
पाते हैं जो ये अल्प बुद्धि नर,
देव पूजकों को मिलते हैं देव
मेरे भक्तों को मिलता मैं ईश्वर।23।

अव्यक्तं व्यक्तिमापन्नं मन्यन्ते मामबुद्धयः।
परं भावमजानन्तो ममाव्ययमनुत्तमम् ॥२४॥

मुझ अव्यक्त को व्यक्त हुआ
मानते हैं बुद्धिहीन,
अनभिज्ञ हैं वे मेरे परम तत्व से
है जो अपरिमेय, नाशहीन।24।

नाहं प्रकाशः सर्वस्य योगमायासमावृतः।
मूढोऽयं नाभिजानाति लोको मामजमव्ययम् ॥२५॥

छिपा हुआ अपनी योगमाया से
प्रत्यक्ष नहीं हूँ मैं सभी को,
पहचानता नहीं है यह मूढ़ संसार
मुझ अजन्मा, अविनाशी को।25।

वेदाहं समतीतानि वर्तमानानि चार्जुन।
भविष्याणि च भूतानि मां तु वेद न कश्चन ॥२६॥

जानता हूँ मैं सभी अतीत के प्राणियों को
और उनको जो हैं अभी वर्तमान,
होने वाले जो भविष्य में जानता मैं उन्हें भी
किन्तु नहीं कोई मुझको जानता है, अर्जुन।26।

इच्छाद्वेषसमुत्थेन द्वन्द्वमोहेन भारत।
सर्वभूतानि सम्मोहं सर्गे यान्ति परंतप ॥२७॥

इच्छा और द्वेष से उत्पन्न
द्वन्द्वों से भारत,
संमोहित होते हैं सभी प्राणी
जन्म होते ही परंतप।27।

येषां त्वन्तगतं पापं जनानां पुण्यकर्मणाम्।
ते द्वन्द्वमोहनिर्मुक्ता भजन्ते मां दृढव्रताः ॥२८॥

किन्तु हो गया है जिनके पापों का अन्त
और करते हैं जो श्रेष्ठ कर्मों का आचरण,
हो गये हैं जो द्वन्द्व और मोह से मुक्त
दृढ़व्रती वे करते हैं मेरा भजन।28।

जरामरणमोक्षाय मामाश्रित्य यतन्ति ये।
ते ब्रह्म तद्विदुः कृत्स्नमध्यात्मं कर्म चाखिलम् ॥२९॥

जरा मरण से मोक्ष के लिये
मम आश्रित जन करते हैं यत्न,
ब्रह्म, अध्यात्म और सभी कर्मों को
जानते हैं वे ज्ञानी जन।29।

साधिभूताधिदैवं मां साधियज्ञं च ये विदुः।
प्रयाणकालेऽपि च मां ते विदुर्युक्तचेतसः ॥३०॥

जानते हैं जो कि मैं ही हूँ
अधिभूत, अधिदैव, और अधियज्ञ,
प्रयाण काल में भी वे युक्तचित्त
जानते हैं मुझको, धनंजय।30।

अध्याय 8
(अक्षर ब्रह्म योग)

अर्जुन उवाच —
किं तद्ब्रह्म किमध्यात्मं किं कर्म पुरुषोत्तम।
अधिभूतं च किं प्रोक्तमधिदैवं किमुच्यते ॥१॥

ब्रह्म क्या है, अध्यात्म क्या है,
कर्म क्या है पुरुषोत्तम,
अधिभूत कहते हैं किसको
और अधिदेव कौन है मधुसूदन?।1।

अधियज्ञः कथं कोऽत्र देहेऽस्मिन्मधुसूदन।
प्रयाणकाले च कथं ज्ञेयोऽसि नियतात्मभिः ॥२॥

अधियज्ञ क्या है, कृष्ण
है वह यहाँ शरीर में कैसे,
जाना जाता है प्रयाण काल में
वह योगियों के द्वारा कैसे?।2।

श्रीभगवानुवाच —
अक्षरं ब्रह्म परमं स्वभावोऽध्यात्ममुच्यते।
भूतभावोद्भवकरो विसर्गः कर्मसञ्ज्ञितः ॥३॥

ब्रह्म है, अर्जुन अविनाशी परम तत्व
उसके स्वभाव को कहते अध्यात्म,
होता है जिससे सभी प्राणियों का उद्भव
उस सृजनात्मक शक्ति को कहते हैं कर्म।3।

अधिभूतं क्षरो भावः पुरुषश्चाधिदैवतम्।
अधियज्ञोऽहमेवात्र देहे देहभृतां वर ॥४॥

अधिभूत है यह परिवर्तनशील प्रकृति
और पुरुष को ही कहते हैं अधिदेव,
अधियज्ञ हूँ मैं सभी यज्ञों का देवता
जानो तुम अर्जुन जीवधारियों में श्रेष्ठ।4।

अन्तकाले च मामेव स्मरन्मुक्त्वा कलेवरम्।
यः प्रयाति स मद्भावं याति नास्त्यत्र संशयः ॥५॥

अन्तकाल में जो करता है शरीरत्याग
करता हुआ मेरा स्मरण,
पाता है वह मेरे स्वभाव को पार्थ
नहीं इसमें कुछ संशय।5।

यं यं वापि स्मरन्भावं त्यजत्यन्ते कलेवरम्।
तं तमेवैति कौन्तेय सदा तद्भावभावितः ॥६॥

शरीरत्याग के समय नर
करता है जिस भाव का स्मरण,
पाता है वह उसी भाव को
सदा जिसका किया चिन्तन।6।

तस्मात्सर्वेषु कालेषु मामनुस्मर युध्य च।
मय्यर्पितमनोबुद्धिर्मामेवैष्यस्यसंशयम ॥७॥

अतयेव कर सदा मेरा स्मरण
युद्ध कर तू कौन्तेय,
अर्पित कर मुझ पर मन और बुद्धि
आयेगा मेरे पास तू निस्संदेह।7।

अध्याय – 8

अभ्यासयोगयुक्तेन चेतसा नान्यगामिना।
परमं पुरुषं दिव्यं याति पार्थानुचिन्तयन्॥८॥

स्थिर हो गया है जिसका चित्त योगाभ्यास से
नहीं फिरता जो किसी अन्य की तरफ, अर्जुन,
चिन्तन करता जो सदा दिव्य परम पुरुष का
जाता है उसके पास ही वह सज्जन।8।

कविं पुराणमनुशासितारमणोरणीयांसमनुस्मरेद्यः।
सर्वस्य धातारमचिन्त्यरूपमादित्यवर्णं तमसः परस्तात्॥९॥

ध्यान करो उस प्राचीन कवि का
सूक्ष्म जो अणु से भी किन्तु शासक है विश्व का,
आधार सब का उसका रूप अचिन्त्य
सूर्यवर्ण वह परे है अन्धकार से।9।

प्रयाणकाले मनसाचलेन भक्त्या युक्तो योगबलेन चैव।
भ्रुवोर्मध्ये प्राणमावेश्य सम्यक् स तं परं पुरुषमुपैति दिव्यम्॥१०॥

प्रयाण काल में अचल मन के द्वारा
भक्तियुक्त वह योगबल के द्वारा,
स्थापित करके भृकुटी के मध्य प्राणों को
पाता है वह उस दिव्य परम पुरुष को।10।

यदक्षरं वेदविदो वदन्ति विशन्ति यद्यतयो वीतरागाः।
यदिच्छन्तो ब्रह्मचर्यं चरन्ति तत्ते पदं सङ्ग्रहेण प्रवक्ष्ये॥११॥

वेदविद जिसे कहते हैं अक्षर
प्रविष्ट होते हैं जिसमें वीतरागी,
करूँगा अब उस पद का संक्षिप्त वर्णन
जिसकी इच्छा से जन बनते ब्रह्मचारी।11।

सर्वद्वाराणि संयम्य मनो हृदि निरुध्य च।
मूर्ध्न्याधायात्मनः प्राणमास्थितो योगधारणाम् ॥१२॥

संयमित करके सभी इन्द्रियों के द्वार
रोक करके मन की गति को हृदय में,
योगधारणा में होकर स्थित
स्थापित करके प्राणों को सिर में।12।

ओमित्येकाक्षरं ब्रह्म व्याहरन्मामनुस्मरन्।
यः प्रयाति त्यजन्देहं स याति परमां गतिम् ॥१३॥

उच्चारण करता है एकाक्षर ॐ का
करता हुआ मेरा भजन स्मरण,
त्याग करके इस शरीर का
जाता है परम गति को वह, अर्जुन।13।

अनन्यचेताः सततं यो मां स्मरति नित्यशः।
तस्याहं सुलभः पार्थ नित्ययुक्तस्य योगिनः ॥१४॥

अनन्य चित्त से होकर स्थित
करता है जो सदा स्मरण मेरा,
सुलभ हूँ मैं उसको पार्थ
योगी है जो नित्ययुक्त ऐसा।14।

मामुपेत्य पुनर्जन्म दुःखालयमशाश्वतम्।
नाप्नुवन्ति महात्मानः संसिद्धिं परमां गताः ॥१५॥

पुनर्जन्म जो अशाश्वत दुःख का आलय
पास आके मेरे लेते नहीं मानव,
उन महापुरुषों को होती है प्राप्त
परमसिद्धि है अति दुर्लभ जो पार्थ।15।

आब्रह्मभुवनाल्लोकाः पुनरावर्तिनोऽर्जुन।
मामुपेत्य तु कौन्तेय पुनर्जन्म न विद्यते ॥१६॥

भूलोक से ब्रह्मलोक तक जो भुवन
पुनरावृत्ति से ग्रस्त हैं अर्जुन,
पास आकर किन्तु मेरे कौन्तेय
पुनर्जन्म नहीं होता है निस्संदेह।16।

सहस्रयुगपर्यन्तमहर्यद्ब्रह्मणो विदुः।
रात्रिं युगसहस्रान्तां तेऽहोरात्रविदो जनाः ॥१७॥

सहस्र युगों का एक ब्रह्मा का दिन
सहस्र युगों की ब्रह्मा की एक रात,
जानते हैं जो इस तथ्य को अर्जुन
रात और दिन के वे ज्ञाता हैं सुजन।17।

अव्यक्ताद्व्यक्तयः सर्वाः प्रभवन्त्यहरागमे।
रात्र्यागमे प्रलीयन्ते तत्रैवाव्यक्तसञ्ज्ञके ॥१८॥

दिवस के प्रारम्भ में होते हैं व्यक्त
सभी प्राणी अव्यक्त से,
रात्रि के आने पर होते हैं लीन
सभी प्राणी उसी अव्यक्त में।18।

भूतग्रामः स एवायं भूत्वा भूत्वा प्रलीयते।
रात्र्यागमेऽवशः पार्थ प्रभवत्यहरागमे ॥१९॥

उत्पन्न होता है यह भूत समुदाय बार-बार
प्रकृतिवश प्रलीन होता है रात आने पर,
उत्पन्न होता है फिर यह पार्थ
दिवस के आगमन पर।19।

परस्तस्मात्तु भावोऽन्योऽव्यक्तोऽव्यक्तात्सनातनः।
यः स सर्वेषु भूतेषु नश्यत्सु न विनश्यति ॥२०॥

परे इस अव्यक्त प्रकृति से अर्जुन
है एक अव्यक्त भाव सनातन,
उपस्थित है जो सभी प्राणियों में
नष्ट नहीं होता जो उनके नष्ट होने पर।20।

अव्यक्तोऽक्षर इत्युक्तस्तमाहुः परमां गतिम्।
यं प्राप्य न निवर्तन्ते तद्धाम परमं मम ॥२१॥

इस अव्यक्त को लोग कहते हैं अक्षर
कहते हैं इसे ही गति परम,
पाते जो इसे नहीं लौटते हैं जग में
धाम मेरा है यह परम अर्जुन।21।

पुरुषः स परः पार्थ भक्त्या लभ्यस्त्वनन्यया।
यस्यान्तःस्थानि भूतानि येन सर्वमिदं ततम् ॥२२॥

परम पुरुष यह पार्थ
प्राप्त होता है अनन्य भक्ति से,
स्थित हैं जिसमें सभी प्राणी
व्याप्त है यह जगत सारा जिससे।22।

यत्र काले त्वनावृत्तिमावृत्तिं चैव योगिनः।
प्रयाता यान्ति तं कालं वक्ष्यामि भरतर्षभ ॥२३॥

प्रयाण करके किस काल में योगी
नहीं होता है पुनर्जन्म को प्राप्त,
किस काल में वह पाता पुनर्जन्म
बताऊँगा तुम्हें अब भेद यह पार्थ।23।

अध्याय – 8

अग्निर्ज्योतिरहः शुक्लः षण्मासा उत्तरायणम्।
तत्र प्रयाता गच्छन्ति ब्रह्म ब्रह्मविदो जनाः ॥२४॥

प्रयाण करते हैं जो योगी अग्नि में, प्रकाश में
शुक्ल पक्ष के दिन में, सूर्य के उत्तरायण पथ में,
जाते हैं वे ब्रह्मज्ञानी जन ब्रह्म के पास में। 24।

धूमो रात्रिस्तथा कृष्णः षण्मासा दक्षिणायनम्।
तत्र चान्द्रमसं ज्योतिर्योगी प्राप्य निवर्तते ॥२५॥

प्रयाण करते हैं योगी जो धूम्र में, रात्रि में
कृष्ण पक्ष में, सूर्य के दक्षिणायन पथ में,
पाकर वे चन्द्र की ज्योति को
लेते हैं पुनर्जन्म इस संसार में। 25।

शुक्लकृष्णे गती ह्येते जगतः शाश्वते मते।
एकया यात्यनावृत्तिमन्ययावर्तते पुनः ॥२६॥

शुक्ल और कृष्ण ये दो मार्ग
होते हैं जग में सनातन,
एक से होती है पुनरावृत्ति से निवृत्ति
दूसरे से निश्चित है पुनरावृत्ति। 26।

नैते सृती पार्थ जानन्योगी मुह्यति कश्चन।
तस्मात्सर्वेषु कालेषु योगयुक्तो भवार्जुन ॥२७॥

जान करके इन दो मार्गों को पार्थ
योगी नहीं होता है मोहित,
अतयेव योग से युक्त बन तू
हर समय अर्जुन। 27।

वेदेषु यज्ञेषु तपःसु चैव दानेषु यत्पुण्यफलं प्रदिष्टम्।
अत्येति तत्सर्वमिदं विदित्वा योगी परं स्थानमुपैति चाद्यम्॥२८॥

वेदों में, यज्ञ में, तप में
और दान में होते हैं पुण्यफल जो,
योगी जाता है इन सब के पार
प्राप्त करता है सनातन परम पद को।28।

अध्याय 9
(राजविद्या राजगुह्य योग)

श्रीभगवानुवाच —
इदं तु ते गुह्यतमं प्रवक्ष्याम्यनसूयवे।
ज्ञानं विज्ञानसहितं यज्ज्ञात्वा मोक्ष्यसेऽशुभात्॥१॥

अर्जुन क्योंकि तुझे मुझ पर है श्रद्धा
बताऊँगा यह रहस्य गूढ़तम तुझे,
ज्ञानविज्ञानमय इस रहस्य को जानके
हो जायेगा मुक्त तू अशुभ से।1।

राजविद्या राजगुह्यं पवित्रमिदमुत्तमम्।
प्रत्यक्षावगमं धर्म्यं सुसुखं कर्तुमव्ययम्॥२॥

राजविद्या यह गोपनीय रहस्य
है अत्यंत पवित्र और उत्तम,
प्रत्यक्ष अनुभव से, धर्मानुकूल
इस अनश्वर ज्ञान का सुगम है पालन।2।

अश्रद्दधानाः पुरुषा धर्मस्यास्य परंतप।
अप्राप्य मां निवर्तन्ते मृत्युसंसारवर्त्मनि॥३॥

श्रद्धा जिनको नहीं है
इस धर्म पर परन्तप,
अप्राप्य हूँ उनको मैं होते हैं वे
जन्म-मृत्यु के चक्र में भ्रमित।3।

मया ततमिदं सर्वं जगदव्यक्तमूर्तिना।
मत्स्थानि सर्वभूतानि न चाहं तेष्ववस्थितः ॥४॥

मेरे अव्यक्त रूप से
व्याप्त है यह सारा जगत,
स्थित हैं मुझमें सभी प्राणी
किन्तु नहीं हूँ मैं उनमें अवस्थित।4।

न च मत्स्थानि भूतानि पश्य मे योगमैश्वरम्।
भूतभृन्न च भूतस्थो ममात्मा भूतभावनः ॥५॥

नहीं हैं मेरे अन्दर ये सभी प्राणी
देख तू यह मेरी योगशक्ति,
मुझसे ही इन सभी प्राणियों का उद्भव
नहीं हूँ मैं इनमें किन्तु करता इन्हें धारण।5।

यथाकाशस्थितो नित्यं वायुः सर्वत्रगो महान्।
तथा सर्वाणि भूतानि मत्स्थानीत्युपधारय ॥६॥

बलशाली वायु जैसे निरंतर
करता है सर्वत्र भ्रमण आकाश में,
वैसे ही सभी प्राणी अर्जुन
स्थित हैं मुझ सच्चिदानन्द घन में।6।

सर्वभूतानि कौन्तेय प्रकृतिं यान्ति मामिकाम्।
कल्पक्षये पुनस्तानि कल्पादौ विसृजाम्यहम् ॥७॥

कल्प के अन्त में अर्जुन
लौटते हैं सभी प्राणी मेरी प्रकृति में,
कल्प के प्रारम्भ में इनका
सृजन मैं करता हूँ फिर से।7।

प्रकृतिं स्वामवष्टभ्य विसृजामि पुनः पुनः।
भूतग्राममिमं कृत्स्नमवशं प्रकृतेर्वशात् ॥८॥

पुनः पुनः मैं करता हूँ सृजन
अपनी माया के बल से,
इस समग्र भूतसमुदाय का
निस्सहाय है जो माया के वश में।8।

न च मां तानि कर्माणि निबध्नन्ति धनञ्जय।
उदासीनवदासीनमसक्तं तेषु कर्मसु ॥९॥

नहीं बाँधते ये कर्म
धनंजय मुझे,
उदासीन मैं
निरासक्त सभी कर्मों से।9।

मयाध्यक्षेण प्रकृतिः सूयते सचराचरम्।
हेतुनानेन कौन्तेय जगद्विपरिवर्तते ॥१०॥

मेरी अध्यक्षता में प्रकृति
रचती है यह चराचर जगत,
जिसकी वजह से अर्जुन
होता है यह विश्वचक्र प्रवर्तित।10।

अवजानन्ति मां मूढा मानुषीं तनुमाश्रितम्।
परं भावमजानन्तो मम भूतमहेश्वरम् ॥११॥

मूढ़ जन करते हैं मेरी अवहेलना
करता हूँ मैं जब मनुष्य तनु धारण,
नहीं जानते हैं वे मेरे इस परम भाव को
कि मैं हूँ सभी प्राणियों का ईश्वर।11।

मोघाशा मोघकर्माणो मोघज्ञाना विचेतसः।
राक्षसीमासुरीं चैव प्रकृतिं मोहिनीं श्रिताः ॥१२॥

व्यर्थ हैं उनकी आशायें और कर्म
व्यर्थ है उनका ज्ञान विचाररहित,
अपनी आसुरी और राक्षसी प्रकृति से
रहते हैं लोग वे मोहित।12।

महात्मानस्तु मां पार्थ दैवीं प्रकृतिमाश्रिताः।
भजन्त्यनन्यमनसो ज्ञात्वा भूतादिमव्ययम् ॥१३॥

महान हैं उनके मानस पार्थ
दैवी प्रकृति पर जो होते हैं आश्रित,
जानके मुझ अविनाशी को प्राणियों का आदि
अनन्य भाव से करते हैं मेरा भजन।13।

सततं कीर्तयन्तो मां यतन्तश्च दृढव्रताः।
नमस्यन्तश्च मां भक्त्या नित्ययुक्ता उपासते ॥१४॥

सतत गाते हैं मेरी कीर्ति
दृढ़व्रती वे करते हुये यत्न,
भक्ति से मेरा करते हैं नमस्कार
मेरी उपासना करते हैं हो योगयुक्त।14।

ज्ञानयज्ञेन चाप्यन्ये यजन्तो मामुपासते।
एकत्वेन पृथक्त्वेन बहुधा विश्वतोमुखम् ॥१५॥

ज्ञान यज्ञ के द्वारा अन्य
भजते हैं उस मुझको,
एक और अनेक होकर
व्यक्त सर्वतोमुख जो।15।

अहं क्रतुरहं यज्ञः स्वधाहमहमौषधम्।
मन्त्रोऽहमहमेवाज्यमहमग्निरहं हुतम् ॥१६॥

मैं ही हूँ यज्ञ और कर्मकाण्ड
मैं ही हूँ पितरों का अन्न और औषधि,
मैं ही हूँ यज्ञ के मंत्र और घृत
मैं ही हूँ यज्ञ की अग्नि और आहुति।16।

पिताहमस्य जगतो माता धाता पितामहः।
वेद्यं पवित्रमोङ्कार ऋक्साम यजुरेव च ॥१७॥

पिता हूँ मैं ही इस जग का
माता, धाता, और पितामह,
मैं ही हूँ जानने योग्य पवित्र ओंकार
वेद मैं ही हूँ ऋक्, साम, और यजुः।17।

गतिर्भर्ता प्रभुः साक्षी निवासः शरणं सुहृत्।
प्रभवः प्रलयः स्थानं निधानं बीजमव्ययम् ॥१८॥

मैं ही हूँ गति, पालक, स्वामी और साक्षी
सभी का निवास, शरण, और सखा,
मैं ही हूँ उद्भव, स्थिति, और संहार
अविनाशी बीज और आधार इस जग का।18।

तपाम्यहमहं वर्षं निगृह्णाम्युत्सृजामि च।
अमृतं चैव मृत्युश्च सदसच्चाहमर्जुन ॥१९॥

तपाता हूँ मैं ही इस जग को
मैं ही रोकता या भेजता हूँ वर्षा,
मैं ही हूँ अर्जुन अमृत और मृत्यु
और मैं ही हूँ सत् और असत् सारा।19।

त्रैविद्या मां सोमपाः पूतपापायज्ञैरिष्ट्वा स्वर्गतिं प्रार्थयन्ते।
ते पुण्यमासाद्य सुरेन्द्रलोकमश्नन्ति दिव्यान्दिवि देवभोगान् ॥२०॥

ज्ञाता तीनों वेदों के करते सोम का जो पान
यज्ञ करते जो स्वर्ग की इच्छा से
धुल गये हैं जिनके पाप,
जाते हैं वे सुरेन्द्र के पुण्यलोक को
भोगते हैं देवों के दिव्य भोगों को।20।

ते तं भुक्त्वा स्वर्गलोकं विशालंक्षीणे पुण्ये मर्त्यलोकं विशन्ति।
एवं त्रयीधर्ममनुप्रपन्नागतागतं कामकामा लभन्ते ॥२१॥

भोग करके विशाल स्वर्गलोक
पुण्यक्षीण होके फिर आते हैं मृत्युलोक,
पूर्ण करते हुये वेदों का वचन
सकामी प्राप्त करते हैं आवागमन।21।

अनन्याश्चिन्तयन्तो मां ये जनाः पर्युपासते।
तेषां नित्याभियुक्तानां योगक्षेमं वहाम्यहम् ॥२२॥

करते हैं जो मेरी ही
उपासना अनन्य भाव से,
करता हूँ मैं उनका योगक्षेम वहन
स्थित हैं मुझमें जो एकीभाव से।22।

येऽप्यन्यदेवता भक्ता यजन्ते श्रद्धयान्विताः।
तेऽपि मामेव कौन्तेय यजन्त्यविधिपूर्वकम् ॥२३॥

करते हैं अर्जुन जो अन्य देवों की भक्ति
पूजते हैं उन्हे श्रद्धा और भक्ति से,
वे भी करते हैं मेरी ही पूजा
यद्यपि, हे अर्जुन, प्रतिकूल यह विधि के।23।

अहं हि सर्वयज्ञानां भोक्ता च प्रभुरेव च।
न तु मामभिजानन्ति तत्त्वेनातश्च्यवन्ति ते॥२४॥

मैं ही हूं सभी यज्ञों का
स्वामी और भोक्ता,
नहीं जानते मेरे इस तत्व को ये जन
इसी लिये इनका होता है पतन। 24।

यान्ति देवव्रता देवान्पितॄन्यान्ति पितृव्रताः।
भूतानि यान्ति भूतेज्या यान्ति मद्याजिनोऽपि माम्॥२५॥

देवपूजक जाते हैं देवों के पास
पितरों के पास जाते हैं पितरों के पूजक,
भूतों के पास जाते हैं भूत पूजने वाले
मेरे पास आते हैं मेरे उपासक। 25।

पत्रं पुष्पं फलं तोयं यो मे भक्त्या प्रयच्छति।
तदहं भक्त्युपहृतमश्नामि प्रयतात्मनः॥२६॥

पत्र, पुष्प, फल, या जल
अर्पित करता है जो प्रेम से मुझको,
स्वीकार करता हूँ मैं अर्जुन,
भक्त के इस प्रेम उपहार को। 26।

यत्करोषि यदश्नासि यज्जुहोषि ददासि यत्।
यत्तपस्यसि कौन्तेय तत्कुरुष्व मदर्पणम्॥२७॥

करे जो कर्म तू या करे जो आहार
यज्ञ में चढ़ाये कुछ या करे जो भी दान,
या यदि करे तू कोई तपश्चर्या
समर्पण सब मुझे तू कर कौन्तेय। 27।

शुभाशुभफलैरेवं मोक्ष्यसे कर्मबन्धनैः।
संन्यासयोगयुक्तात्मा विमुक्तो मामुपैष्यसि ॥२८॥

कर्मों के फल ये शुभ अशुभ
नहीं बाँधेंगे फिर तुझे कर्मबन्धन में पार्थ,
युक्त होकर संन्यासयोग से
विमुक्त तू आयेगा मेरे पास। 28।

समोऽहं सर्वभूतेषु न मे द्वेष्योऽस्ति न प्रियः।
ये भजन्ति तु मां भक्त्या मयि ते तेषु चाप्यहम् ॥२९॥

व्यापक हूँ मैं सभी प्राणियों में सम भाव से
नहीं है मुझे किसी से राग या द्वेष,
भजते हैं मुझे जो प्रेम भक्ति से जन
वे मुझमें हैं और मैं उनमें हूँ अर्जुन। 29।

अपि चेत्सुदुराचारो भजते मामनन्यभाक्।
साधुरेव स मन्तव्यः सम्यग्व्यवसितो हि सः ॥३०॥

भजता है यदि दुराचारी भी
मुझे अनन्य भाव से,
साधु मानना पड़ेगा उसे भी
सही निर्णय लिया है उसने। 30।

क्षिप्रं भवति धर्मात्मा शश्वच्छान्तिं निगच्छति।
कौन्तेय प्रतिजानीहि न मे भक्तः प्रणश्यति ॥३१॥

हो जाता है वह शीघ्र ही धर्मात्मा
पाता है वह स्थायी परम शान्ति,
समझ लो यह तुम कुन्तीपुत्र,
भक्त मेरा नहीं होता है नष्ट। 31।

मां हि पार्थ व्यपाश्रित्य येऽपि स्युः पापयोनयः।
स्त्रियो वैश्यास्तथा शूद्रास्तेऽपि यान्ति परां गतिम्॥३२॥

आश्रय लेकर के मुझमें अर्जुन,
हुये हैं जो पापयोनि में उत्पन्न,
स्त्री, वैश्व, और शूद्र भी पार्थ
परम गति को सब होते हैं प्राप्त।32।

किं पुनर्ब्राह्मणाः पुण्या भक्ता राजर्षयस्तथा।
अनित्यमसुखं लोकमिमं प्राप्य भजस्व माम्॥३३॥

सुगम फिर होगा यह कितना
पुण्य ब्राह्मणों और राजर्षियों के लिये,
जन्म लेकर इस अनित्य, दुःखी संसार में
भजन कर अर्जुन, मुझे पाने के लिये।33।

मन्मना भव मद्भक्तो मद्याजी मां नमस्कुरु।
मामेवैष्यसि युक्त्वैवमात्मानं मत्परायणः॥३४॥

हो मेरा भक्त, धारित कर मुझमें मन
कर तू मेरी ही पूजा और नमन,
आयेगा मुझको ही हो कर के युक्त
बना कर स्वयं को तू मम परायणे।34।

अध्याय 10
(विभूति योग)

श्रीभगवानुवाच —
भूय एव महाबाहो शृणु मे परमं वचः।
यत्तेऽहं प्रीयमाणाय वक्ष्यामि हितकाम्यया ॥१॥

सुनो फिर तुम महाबाहु
मेरा यह परम वचन,
कहूँगा जो तव हित की इच्छा से
प्रिय हो अति क्योंकि मुझे तुम अर्जुन।1।

न मे विदुः सुरगणाः प्रभवं न महर्षयः।
अहमादिर्हि देवानां महर्षीणां च सर्वशः ॥२॥

नहीं जानते हैं मेरा उद्भव
देवता या महा ऋषि,
क्योंकि हुयी है मुझसे ही अर्जुन
सभी देवों और ऋषियों की उत्पत्ति।2।

यो मामजमनादिं च वेत्ति लोकमहेश्वरम्।
असम्मूढः स मर्त्येषु सर्वपापैः प्रमुच्यते ॥३॥

जानता है जो मुझ अजन्मा, अनादि को
जानता है वह सभी लोकों के महेश्वर को,
अविमूढ़ है वह मृत्युधर्मा मानवों में
छोड़ जाते हैं पाप सभी उसको।3।

बुद्धिर्ज्ञानमसम्मोहः क्षमा सत्यं दमः शमः।
सुखं दुःखं भवोऽभावो भयं चाभयमेव च ॥४॥

बुद्धि, ज्ञान, अविमूढ़ता, क्षमा
सत्य, दम, और मन का शमन,
सुख, दुःख, उद्भव, संहार
भय और अभय सभी, अर्जुन।4।

अहिंसा समता तुष्टिस्तपो दानं यशोऽयशः।
भवन्ति भावा भूतानां मत्त एव पृथग्विधाः ॥५॥

अहिंसा, समता, सन्तोष
तप, दान, यश, और अपयश,
प्राणियों के यह भाव विभिन्न
होते हैं सारे मुझसे उत्पन्न।5।

महर्षयः सप्त पूर्वे चत्वारो मनवस्तथा।
मद्भावा मानसा जाता येषां लोक इमाः प्रजाः ॥६॥

पूर्वकालीन महाऋषि सात
और चारो मनु जो पितामह प्रजा के,
उत्पन्न हुये हैं मेरे स्वभाव से
हैं मेरे ये मानसपुत्र सारे।6।

एतां विभूतिं योगं च मम यो वेत्ति तत्त्वतः।
सोऽविकम्पेन योगेन युज्यते नात्र संशयः ॥७॥

इस विभूति और योगशक्ति को मेरी
जानता है जो नर तत्व से,
होता है वह अविचलित योग में स्थित
पार्थ, नहीं है संशय कुछ इसमें।7।

अहं सर्वस्य प्रभवो मत्तः सर्वं प्रवर्तते।
इति मत्वा भजन्ते मां बुधा भावसमन्विताः ॥८॥

मूल हूँ मैं सभी की उत्पत्ति का
मुझसे ही है सारा जगत प्रवर्तित,
मान कर यह मुझे ही भजते हैं सारे
बुद्धिमान हो करके भाव-समन्वित। 8।

मच्चित्ता मद्गतप्राणा बोधयन्तः परस्परम्।
कथयन्तश्च मां नित्यं तुष्यन्ति च रमन्ति च ॥९॥

स्थित हूँ मैं जिनके चित्त और प्राणों में
एक दूसरे को जो कराते हैं बोध,
बात करते हैं जो सदा मेरी ही
सन्तुष्ट हो वे मुझमें करते हैं रमण। 9।

तेषां सततयुक्तानां भजतां प्रीतिपूर्वकम्।
ददामि बुद्धियोगं तं येन मामुपयान्ति ते ॥१०॥

युक्त हैं जो सतत ऐसे
प्रीतिपूर्वक मेरा करते हैं भजन,
प्रदान करता हूँ मैं उन्हें बुद्धियोग
आते हैं जिससे मेरे निकट वे सुजन। 10।

तेषामेवानुकम्पार्थमहमज्ञानजं तमः।
नाशयाम्यात्मभावस्थो ज्ञानदीपेन भास्वता ॥११॥

मैं अन्तर्यामी करके उन पर अनुकम्पा
करता हूँ अज्ञानजनित तम का नाश,
ज्ञान का दीपक मैं जलाता हूँ उनमें
चमकता है जिसका भव्य प्रकाश। 11।

अर्जुन उवाच —
परं ब्रह्म परं धाम पवित्रं परमं भवान्।
पुरुषं शाश्वतं दिव्यमादिदेवमजं विभुम्॥१२॥

आप ही हैं परम पवित्र
परम ब्रह्म, परम धाम,
शाश्वत, दिव्य पुरुष
अजन्मा, सर्वव्यापी, आदिदेव।12।

आहुस्त्वामृषयः सर्वे देवर्षिर्नारदस्तथा।
असितो देवलो व्यासः स्वयं चैव ब्रवीषि मे॥१३॥

बखानते हैं आपकी जिस कीर्ति को
देवर्षि नारद, असित, देवल और व्यास,
वही क़ीर्ति सुनाई है मुझको
स्वयं आपने हे नाथ।13।

सर्वमेतदृतं मन्ये यन्मां वदसि केशव।
न हि ते भगवन्व्यक्तिं विदुर्देवा न दानवाः॥१४॥

मानता हूँ इस सब को सत्य
बता रहे हैं आप मुझे जो केशव,
आप के इस व्यक्त स्वरूप को भगवन्
नहीं जानते हैं देव और दानव।14।

स्वयमेवात्मनात्मानं वेत्थ त्वं पुरुषोत्तम।
भूतभावन भूतेश देवदेव जगत्पते॥१५॥

स्वयं को स्वयं के ही द्वारा
जानते हैं पुरुषोत्तम आप,
भूतभावन, भूतेश, देवाधिदेव
जगत्पति हैं आप।15।

वक्तुमर्हस्यशेषेण दिव्या ह्यात्मविभूतयः।
याभिर्विभूतिभिर्लोकानिमांस्त्वं व्याप्य तिष्ठसि ॥१६॥

वर्णन करिये अपनी सारी
विभूतियों का भगवन्,
व्याप्त हैं जिनके द्वारा
आप सभी लोकों में जनार्दन्।16।

कथं विद्यामहं योगिंस्त्वां सदा परिचिन्तयन्।
केषु केषु च भावेषु चिन्त्योऽसि भगवन्मया ॥१७॥

कैसे जानूँ मैं आपको योगेश्वर
सदा चिन्तन के द्वारा,
किस किस भाव से करना चाहिये
मुझे चिन्तन तुम्हारा?।17।

विस्तरेणात्मनो योगं विभूतिं च जनार्दन।
भूयः कथय तृप्तिर्हि शृण्वतो नास्ति मेऽमृतम्॥१८॥

अपनी योगशक्तियों और विभूतियों का
कृष्ण, वर्णन करिये विस्तार से,
तृप्त नहीं मैं हुआ हूँ अभी
आपके वचनामृत से।18।

श्रीभगवानुवाच —
हन्त ते कथयिष्यामि दिव्या ह्यात्मविभूतयः।
प्राधान्यतः कुरुश्रेष्ठ नास्त्यन्तो विस्तरस्य मे ॥१९॥

सुनो, करूँगा मैं तुम्हारे लिये
अपनी दिव्य विभूतियों का वर्णन,
प्रधान उनमें से जो हैं कुरुश्रेष्ठ
अन्तहीन क्योंकि मेरा विस्तार है अर्जुन।19।

अहमात्मा गुडाकेश सर्वभूताशयस्थितः।
अहमादिश्च मध्यं च भूतानामन्त एव च॥२०॥

मैं ही हूँ सभी प्राणियों के
हृदय में स्थित आत्मा गुडाकेश,
मैं ही हूँ सभी प्राणियों का
आदि, मध्य, और अन्त। 20।

आदित्यानामहं विष्णुर्ज्योतिषां रविरंशुमान्।
मरीचिर्मरुतामस्मि नक्षत्राणामहं शशी॥२१॥

विष्णु आदित्यों में
ज्योतियों में सूर्य तेजराशि,
मरीचि मरुतों में
और नक्षत्रों में शशि। 21।

वेदानां सामवेदोऽस्मि देवानामस्मि वासवः।
इन्द्रियाणां मनश्चास्मि भूतानामस्मि चेतना॥२२॥

सामवेद वेदों में
और देवताओं में इन्द्र,
चेतना सभी प्राणियों में
और इन्द्रियों में मन। 22।

रुद्राणां शंकरश्चास्मि वित्तेशो यक्षरक्षसाम्।
वसूनां पावकश्चास्मि मेरुः शिखरिणामहम्॥२३॥

शंकर मैं रुद्रों में
यक्षों में कुबेर,
पावक हूँ वसुओं में
और पर्वतों में सुमेरु। 23।

पुरोधसां च मुख्यं मा विद्धि पार्थ बृहस्पतिम्।
सेनानीनामहं स्कन्दः सरसामस्मि सागरः ॥२४॥

पुरोहितों में मुख्य
पार्थ मुझे वृहस्पति जानो,
सेनानियों मे स्कन्द और
सरोवरों में सागर मुझे मानो। 24।

महर्षीणां भृगुरहं गिरामस्म्येकमक्षरम्।
यज्ञानां जपयज्ञोऽस्मि स्थावराणां हिमालयः ॥२५॥

भृगु महाऋषियों में
वचनों में ओंकार,
यज्ञों में जप और
स्थावरों में हिमालय। 25।

अश्वत्थः सर्ववृक्षाणां देवर्षीणां च नारदः।
गन्धर्वाणां चित्ररथः सिद्धानां कपिलो मुनिः ॥२६॥

पीपल सभी वृक्षों में
देवर्षियों में नारद,
सिद्धों में कपिल और
गन्धर्वों में चित्ररथ। 26।

उच्चैःश्रवसमश्वानां विद्धि माममृतोद्भवम्।
ऐरावतं गजेन्द्राणां नराणां च नराधिपम् ॥२७॥

उच्चैःश्रवा अश्वों में
अमृत से उत्पन्न,
ऐरावत हाथियों में
और नरों में नृपति। 27।

आयुधानामहं वज्रं धेनूनामस्मि कामधुक्।
प्रजनश्चास्मि कन्दर्पः सर्पाणामस्मि वासुकिः ॥२८॥

वज्र सभी शस्त्रों में
गायों में कामधेनु,
कामदेव प्रेमियों में
और सर्पों में वासुकि। 28।

अनन्तश्चास्मि नागानां वरुणो यादसामहम्।
पितॄणामर्यमा चास्मि यमः संयमतामहम्॥२९॥

अनन्त हूँ मैं नागों में
जलवासियों में वरुण,
अर्यमा पितरों में
और शासकों में यम। 29।

प्रह्लादश्चास्मि दैत्यानां कालः कलयतामहम्।
मृगाणां च मृगेन्द्रोऽहं वैनतेयश्च पक्षिणाम्॥३०॥

दैत्यों में प्रहलाद
गणकों में हूँ समय,
सिंह वनपशुओं में
और पक्षियों में गरुड़। 30।

पवनः पवतामस्मि रामः शस्त्रभृतामहम्।
झषाणां मकरश्चास्मि स्रोतसामस्मि जाह्नवी॥३१॥

पवन पवित्रकारियों में
शस्त्रधारियों में राम,
नदियों में गंगा हूँ और
मत्स्यों में मगर। 31।

सर्गाणामादिरन्तश्च मध्यं चैवाहमर्जुन।
अध्यात्मविद्या विद्यानां वादः प्रवदतामहम्॥३२॥

मैं ही हूँ सभी सृष्टि का, पार्थ,
आदि, अन्त, और मध्य,
अध्यात्म सभी विद्याओं में
विवादकों का विवाद।32।

अक्षराणामकारोऽस्मि द्वन्द्वः सामासिकस्य च।
अहमेवाक्षयः कालो धाताहं विश्वतोमुखः॥३३॥

अकार सभी अक्षरों में
समासों में हूँ द्वन्द्व,
समय हूँ मैं अक्षय
धाता हूँ मैं सर्वतोमुख।33।

मृत्युः सर्वहरश्चाहमुद्भवश्च भविष्यताम्।
कीर्तिः श्रीर्वाक्च नारीणां स्मृतिर्मेधा धृतिः क्षमा॥३४॥

मृत्यु हूँ मैं सब हर लेने वाली
मुझमें ही सभी जन्म लेने वालों का उद्भव,
नारियों में हूँ मैं वाणी, श्री, और कीर्ति
स्मृति, मेधा, क्षमा, और धृति।34।

बृहत्साम तथा साम्नां गायत्री छन्दसामहम्।
मासानां मार्गशीर्षोऽहमृतूनां कुसुमाकरः॥३५॥

वृहत्साम गेय श्रुतियों में
गायत्री छन्दों में,
मार्गशीर्ष मासों में
और वसन्त हूँ ऋतुओं में।35।

द्यूतं छलयतामस्मि तेजस्तेजस्विनामहम्।
जयोऽस्मि व्यवसायोऽस्मि सत्त्वं सत्त्ववतामहम्॥३६॥

छलियों का द्यूत हूँ मैं
और तेजस्वियों का तेज,
मैं ही हूँ विजय और प्रयास
और सात्विकों का सत्व। 36।

वृष्णीनां वासुदेवोऽस्मि पाण्डवानां धनञ्जयः।
मुनीनामप्यहं व्यासः कवीनामुशना कविः॥३७॥

वृष्णियों में वासुदेव
और पाण्डवों में हूँ अर्जुन,
कवियों में उशना
और मुनियों में हूँ व्यास। 37।

दण्डो दमयतामस्मि नीतिरस्मि जिगीषताम्।
मौनं चैवास्मि गुह्यानां ज्ञानं ज्ञानवतामहम्॥३८॥

दण्ड हूँ मैं दमनकारियों का
विजयार्थियों की नीति,
मौन हूँ मैं गोपनीय रहस्यों का
और हूँ मैं ज्ञानियों का ज्ञान। 38।

यच्चापि सर्वभूतानां बीजं तदहमर्जुन।
न तदस्ति विना यत्स्यान्मया भूतं चराचरम्॥३९॥

बीज है जो सभी जीवों का
वह मैं ही हूँ अर्जुन,
सम्भव नहीं है मेरे बिना
यह चराचर जगत। 39।

नान्तोऽस्ति मम दिव्यानां विभूतीनां परन्तप।
एष तूद्देशतः प्रोक्तो विभूतेर्विस्तरो मया ॥४०॥

मेरी दिव्य विभूतियों का
है नहीं कोई अन्त,
बतायी हैं तुझे कुछ
बस उदाहरण के स्वरूप।40।

यद्यद्विभूतिमत्सत्त्वं श्रीमदूर्जितमेव वा।
तत्तदेवावगच्छ त्वं मम तेजोंऽशसम्भवम् ॥४१॥

जो भी है विश्व में विभूतिमय
ऊर्जित, या कान्तिमय,
होता है वह सब मेरे तेज के
एक अंश से सम्भव।41।

अथवा बहुनैतेन किं ज्ञातेन तवार्जुन।
विष्टभ्याहमिदं कृत्स्नमेकांशेन स्थितो जगत् ॥४२॥

प्रयोजन क्या है तुझे
इस विशद ज्ञान से अर्जुन,
करता हूँ अपने एक अंशमात्र से
इस जग का मैं धारण।42।

अध्याय 11
(विश्वरूपदर्शन योग)

अर्जुन उवाच —
मदनुग्रहाय परमं गुह्यमध्यात्मसञ्ज्ञितम्।
यत्त्वयोक्तं वचस्तेन मोहोऽयं विगतो मम ॥१॥

परम अनुग्रह से
सुनाया गूढ़ अध्यात्म,
दूर हुआ है मेरा मोह
सुन आपके ये वाक्य।1।

भवाप्ययौ हि भूतानां श्रुतौ विस्तरशो मया।
त्वत्तः कमलपत्राक्ष माहात्म्यमपि चाव्ययम् ॥२॥

सुना मैंने आप से सविस्तार
प्राणियों का उद्‌भव और संहार,
सुना फिर आप से ही कमलनयन
मैंने आपका अक्षय माहात्म्य।2।

एवमेतद्यथात्थ त्वमात्मानं परमेश्वर।
द्रष्टुमिच्छामि ते रूपमैश्वरं पुरुषोत्तम ॥३॥

बताया है आपने अपने को जैसा
मानता हूँ आप को वैसा ही परमेश्वर,
इच्छा है फिर भी मैं देखूँ
दिव्य रूप आपका हे पुरुषोत्तम।3।

मन्यसे यदि तच्छक्यं मया द्रष्टुमिति प्रभो।
योगेश्वर ततो मे त्वं दर्शयात्मानमव्ययम् ॥४॥

सम्भव है यदि मेरे लिये
देखना आपका वह रूप,
तो फिर दिखाइये योगेश्वर
अपना वह अविनाशी स्वरूप।4।

श्रीभगवानुवाच —
पश्य मे पार्थ रूपाणि शतशोऽथ सहस्रशः।
नानाविधानि दिव्यानि नानावर्णाकृतीनि च ॥५॥

देख इन मेरे रूपों को पार्थ
सैकड़ों, हजारों नाना प्रकार के,
दिव्य सभी हैं ये मेरे रूप
विभिन्न रंगों और आकृतियों में।5।

पश्यादित्यान्वसून्रुद्रानश्विनौ मरुतस्तथा।
बहून्यदृष्टपूर्वाणि पश्याश्चर्याणि भारत ॥६॥

देख इन आदित्यों, वसुओं और रुद्रों को
अश्विनीकुमारों और मरुतों को पार्थ,
बहुत से आश्चर्य जो नहीं देखे कभी पहले
अवलोकन उनका भी कर तू भारत।6।

इहैकस्थं जगत्कृत्स्नं पश्याद्य सचराचरम्।
मम देहे गुडाकेश यच्चान्यद्द्रष्टुमिच्छसि ॥७॥

देख इस सम्पूर्ण चराचर जग को
स्थित जो मेरी देह में एकत्रित,
और भी हो जो तेरी देखने की इच्छा
देख उसको भी तू गुडाकेश।7।

न तु मां शक्यसे द्रष्टुमनेनैव स्वचक्षुषा।
दिव्यं ददामि ते चक्षुः पश्य मे योगमैश्वरम्॥८॥

देख नहीं सकता तू मुझे
अपनी इन मर्त्य आँखों से,
देता हूँ तुझे मैं दिव्य चक्षु, पार्थ,
देख तू मेरा ऐश्वर्य इनसे।8।

सञ्जय उवाच —
एवमुक्त्वा ततो राजन्महायोगेश्वरो हरिः।
दर्शयामास पार्थाय परमं रूपमैश्वरम्॥९॥

योगेश्वर कृष्ण ने कहके
अर्जुन से ये वाणी,
दिखाया उसको अपना
रूप परम ऐश्वर्यशाली।9।

अनेकवक्त्रनयनमनेकाद्भुतदर्शनम्।
अनेकदिव्याभरणं दिव्यानेकोद्यतायुधम्॥१०॥

थे उस रूप के अनेक मुख, अनेक नयन
अनेक थे उसके अद्‌भुत दर्शन,
अनेक थे उसके दिव्य आभूषण
अनेक हाथों में उठाये अनेक शस्त्र भीषण।10।

दिव्यमाल्याम्बरधरं दिव्यगन्धानुलेपनम्।
सर्वाश्चर्यमयं देवमनन्तं विश्वतोमुखम्॥११॥

धारे उर पर अनेक मालायें दिव्य
अनुलेपित दिव्य गंधों से वह,
सभी आश्चर्यों से भरा वह देव
अनन्त, सभी दिशाओं में उन्मुख।11।

दिवि सूर्यसहस्रस्य भवेद्युगपदुत्थिता।
यदि भाः सदृशी सा स्याद्भासस्तस्य महात्मनः ॥१२॥

उदित हों नभ में यदि
एक साथ सहस्र सूर्य,
आभा उनकी हो कदाचित्
उस महापुरुष से तुलनीय।12।

तत्रैकस्थं जगत्कृत्स्नं प्रविभक्तमनेकधा।
अपश्यद्देवदेवस्य शरीरे पाण्डवस्तदा ॥१३॥

देखा पांडुपुत्र ने वहाँ
देवाधिदेव कृष्ण के शरीर में,
एकस्थ सारा जगत
विभाजित अनेक प्रकार से।13।

ततः स विस्मयाविष्टो हृष्टरोमा धनञ्जयः।
प्रणम्य शिरसा देवं कृताञ्जलिरभाषत ॥१४॥

रोमांचित हो कर तब
हर्ष और विस्मय से,
सिर से प्रणाम करके
अर्जुन बोला हाथ जोड़ के।14।

अर्जुन उवाच —
पश्यामि देवांस्तव देव देहे सर्वांस्तथा भूतविशेषसङ्घान्।
ब्रह्माणमीशं कमलासनस्थमृषींश्च सर्वानुरगांश्च दिव्यान् ॥१५॥

देखता हूँ तेरी देह में देव
सभी प्रकार के प्राणी समुदाय,
ब्रह्मा आसीन कमलासन पर
दिव्य सर्पगण और ऋषिवृन्द।15।

अनेकबाहूदरवक्त्रनेत्रंपश्यामि त्वां सर्वतोऽनन्तरूपम्।
नान्तं न मध्यं न पुनस्तवादिंपश्यामि विश्वेश्वर विश्वरूप ॥१६॥

अनेक बाहु, उदर, मुख, और नयन
देखता हूँ अनन्तरूप तुम्हें सभी दिशाओं में,
देखता नहीं हूँ कोई आदि, अन्त, या मध्य
विश्वरूप का विश्वेश्वर तुम्हारे।16।

किरीटिनं गदिनं चक्रिणं च तेजोराशिं सर्वतो दीप्तिमन्तम्।
पश्यामि त्वां दुर्निरीक्ष्यं समन्ताद्दीप्तानलार्कद्युतिमप्रमेयम्॥१७॥

देखता हूँ आप मुकुट, चक्र, गदाधारी को
तेजराशि सर्वत्र है आपकी चमक,
दमक रहे हैं आप प्रज्ज्वलित अग्नि और सूर्य से
कठिन है देखना आपको पूरी तरह।17।

त्वमक्षरं परमं वेदितव्यं त्वमस्य विश्वस्य परं निधानम्।
त्वमव्ययः शाश्वतधर्मगोप्ता सनातनस्त्वं पुरुषो मतो मे॥१८॥

अविनाशी हैं आप परम जानने के योग्य
आपही हैं इस विश्व के निधान परम,
आपही हैं शाश्वत धर्म के रक्षक
आपही हैं, मेरे मत में, पुरुष सनातन।18।

अनादिमध्यान्तमनन्तवीर्यमनन्तबाहुं शशिसूर्यनेत्रम्।
पश्यामि त्वां दीप्तहुताशवक्त्रं स्वतेजसा विश्वमिदं तपन्तम्॥१९॥

नहीं है आपका कोई आदि, अन्त, या मध्य
अनन्तवीर्य, अनन्तबाहु, आपके नेत्र हैं शशि, सूर्य,
देखता हूँ आपका प्रज्ज्वलित अग्निमुख
तप रहा है जिसके तेज से सारा जग।19।

द्यावापृथिव्योरिदमन्तरं हि व्याप्तं त्वयैकेन दिशश्च सर्वाः।
दृष्ट्वाद्भुतं रूपमुग्रं तवेदं लोकत्रयं प्रव्यथितं महात्मन्॥२०॥

पृथ्वी और स्वर्ग के बीच का आकाश
सभी दिशाओं में आप से ही है व्याप्त,
देख कर के आपका यह अद्भुत रूप भयंकर
हो रही है त्रिलोकी व्यथा से आतुर। 20।

अमी हि त्वां सुरसङ्घा विशन्ति केचिद्भीताः प्राञ्जलयो गृणन्ति।
स्वस्तीत्युक्त्वा महर्षिसिद्धसङ्घाः स्तुवन्ति त्वां स्तुतिभिः पुष्कलाभिः॥२१॥

प्रविष्ट हो रहे हैं आप में देवों के संघ
कोई भयभीत, कोई हस्तबद्ध गाते हैं गुण,
महर्षि और सिद्ध गण बोल के स्वस्ति
उत्तम स्तोत्रों से कर रहे आपकी स्तुति। 21।

रुद्रादित्या वसवो ये च साध्या विश्वेऽश्विनौ मरुतश्चोष्मपाश्च।
गन्धर्वयक्षासुरसिद्धसङ्घा वीक्षन्ते त्वां विस्मिताश्चैव सर्वे॥२२॥

रुद्र, आदित्य, साध्य, और वसु
विश्वेदेवा, अश्विनी, उष्मणा और मरुत्,
गन्धर्वों, यक्षों, और सुर सिद्धों के संग
देख के आपको हो रहे हैं विस्मित। 22।

रूपं महत्ते बहुवक्त्रनेत्रं महाबाहो बहुबाहूरुपादम्।
बहूदरं बहुदंष्ट्राकरालं दृष्ट्वा लोकाः प्रव्यथितास्तथाहम्॥२३॥

देख कर के तेरा यह महान रूप
जिसमें हैं बहु मुख, बहु नेत्र, बहु उदर,
बहु भुजायें, बहु उरु, बहु पाद, बहु दशन कराल
व्यथित हूँ मैं महाबाहु सभी लोकों के साथ। 23।

नभःस्पृशं दीप्तमनेकवर्णं व्यात्ताननं दीप्तविशालनेत्रम्।
दृष्ट्वा हि त्वां प्रव्यथितान्तरात्मा धृतिं न विन्दामि शमं च विष्णो ॥२४॥

छू रहा है नभ को तेरा यह रूप विशाल
दीप्त हो रहा है बहु वर्णों से महाकाल,
खुले हुये मुखों और विशाल नेत्रों वाला
काँप रही है इसे देख के मेरी अन्तरात्मा,
बँध नहीं रहा है मुझे तनिक भी धैर्य
शान्ति नहीं मिल रही है मुझे केशव।24।

दंष्ट्राकरालानि च ते मुखानि दृष्ट्वैव कालानलसन्निभानि।
दिशो न जाने न लभे च शर्म प्रसीद देवेश जगन्निवास ॥२५॥

देख कर तेरे मुखों के कराल दशन
कालाग्नि की तरह जो दहकते हुये केशव,
सुखहीन हो कर भूल गया हूँ दिशा ज्ञान
कृपा कर मुझ पर हे देवों के नाथ।25।

अमी च त्वां धृतराष्ट्रस्य पुत्राः सर्वे सहैवावनिपालसङ्घैः।
भीष्मो द्रोणः सूतपुत्रस्तथासौ सहास्मदीयैरपि योधमुख्यैः ॥२६॥

देख रहा हूँ मैं सभी धृतराष्ट्रपुत्र
और उनके साथ का नृप-समुदाय,
भीष्म, द्रोण, और सूतपुत्र कर्ण
साथ में उनके हमारे योद्धा प्रमुख।26।

वक्त्राणि ते त्वरमाणा विशन्ति दंष्ट्राकरालानि भयानकानि।
केचिद्विलग्ना दशनान्तरेषु सन्दृश्यन्ते चूर्णितैरुत्तमाङ्गैः ॥२७॥

प्रविष्ट हो रहे हैं तेजी से तेरे मुखों में
तेरी भयानक, कराल दाढ़ों में,
दिख रहे हैं कुछ वीरों के चूर्ण मस्तक
तेरे विकराल दाँतो के बीच में।27।

यथा नदीनां बहवोऽम्बुवेगाः समुद्रमेवाभिमुखा द्रवन्ति।
तथा तवामी नरलोकवीरा विशन्ति वक्त्राण्यभिविज्वलन्ति ॥२८॥

जिस तरह सभी नदियों का पानी
जाता है समुद्र की तरफ अति वेग से,
वैसे ही ये सभी नरलोक के योद्धा
घुस रहे हैं तेरे दहकते मुखों में। 28।

यथा प्रदीप्तं ज्वलनं पतङ्गा विशन्ति नाशाय समृद्धवेगाः।
तथैव नाशाय विशन्ति लोकास्तवापि वक्त्राणि समृद्धवेगाः ॥२९॥

घुसते हैं आग में जैसे पतिंगे
स्व.विनाश के लिये अति वेग से,
वैसे ही सभी इन लोकों के प्राणी
नष्ट होने को सत्वर घुसते तेरे मुखों में। 29।

लेलिह्यसे ग्रसमानः समन्ताल्लोकान्समग्रान्वदनैर्ज्वलद्भिः।
तेजोभिरापूर्य जगत्समग्रं भासस्तवोग्राः प्रतपन्ति विष्णो ॥३०॥

चाटते हुये निगल रहा है सभी दिशाओं से
सभी लोकों को अपने प्रज्ज्वलित मुखों से,
जगत परिपूर्ण हो रहा है तेरे तेज से
झुलसा रही हैं विश्व को, विष्णु, तेरी भयंकर
किरणें। 30।

आख्याहि मे को भवानुग्ररूपो नमोऽस्तु ते देववर प्रसीद।
विज्ञातुमिच्छामि भवन्तमाद्यं न हि प्रजानामि तव प्रवृत्तिम् ॥३१॥

कौन है तू इस घोर उग्र रूप में
नमन करता हूँ, देववर, कृपा कर तू,
जानना चाहता हूँ मैं तुझ आदिपुरुष को
समझता नहीं हूँ मैं तेरी प्रवृत्ति को। 31।

श्रीभगवानुवाच —
कालोऽस्मि लोकक्षयकृत्प्रवृद्धो लोकान्समाहर्तुमिह प्रवृत्तः।
ऋतेऽपि त्वां न भविष्यन्ति सर्वे येऽवस्थिताः प्रत्यनीकेषु योधाः ॥३२॥

काल हूँ मैं, प्रवृद्ध, आया हूँ
करने को लोक-संहार,
बिना तेरे कुछ किये भी, अर्जुन,
इन प्रतिपक्षी योद्धाओं को दूँगा मैं मार। 32।

तस्मात्त्वमुत्तिष्ठ यशो लभस्व जित्वा शत्रून्भुङ्क्ष्व राज्यं समृद्धम्।
मयैवैते निहताः पूर्वमेव निमित्तमात्रं भव सव्यसाचिन् ॥३३॥

खड़ा हो इससे तू, कर यश की प्राप्ति
जीत रिपुओं को, भोग राज्य-समृद्धि,
मार दिये हैं मैंने जो योद्धा पहले ही
निमित्तमात्र उनकी मृत्यु का बन सव्यसाची। 33।

द्रोणं च भीष्मं च जयद्रथं च कर्णं तथान्यानपि योधवीरान्।
मया हतांस्त्वं जहि मा व्यथिष्ठायुध्यस्व जेतासि रणे सपत्नान् ॥३४॥

द्रोणाचार्य, भीष्म, जयद्रथ, और कर्ण
और अन्य जो श्रेष्ठ योद्धा वीर,
मार दिये हैं मैंने, उन्हें मार तू निर्भय
जीतेगा युद्ध में अर्जुन तू निश्चय। 34।

सञ्जय उवाच —
एतच्छ्रुत्वा वचनं केशवस्य कृताञ्जलिर्वेपमानः किरीटी।
नमस्कृत्वा भूय एवाह कृष्णं सगद्गदं भीतभीतः प्रणम्य ॥३५॥

सुन कर के ये केशव के वचन
मुकुटधारी अर्जुन कम्पित हो कर,
हाथ जोड़ कर करता नमस्कार
डरते डरते बोला गद्गद हो कर। 35।

अर्जुन उवाच —
स्थाने हृषीकेश तव प्रकीर्त्या जगत्प्रहृष्यत्यनुरज्यते च।
रक्षांसि भीतानि दिशो द्रवन्ति सर्वे नमस्यन्ति च सिद्धसङ्घाः॥३६॥

हर्षित हो कर अनुरक्त हो तेरी कीर्ति में
विश्व, यह है सर्वथा उचित केशव,
भाग रहे हैं राक्षस गण सभी दिशाओं में
नमस्कार करते हैं सिद्धों के गण। 36।

कस्माच्च ते न नमेरन्महात्मन् गरीयसे ब्रह्मणोऽप्यादिकर्त्रे।
अनन्त देवेश जगन्निवास त्वमक्षरं सदसत्तत्परं यत्॥३७॥

करें नहीं कैसे ये तुझे नमस्कार
आदिकर्ता तू श्रेष्ठ ब्रह्मा से भी,
अनन्त, देवेश तू जगन्निवास, अविनाशी
सत्, असत् तू और परे दोनों से ही। 37।

त्वमादिदेवः पुरुषः पुराणस्त्वमस्य विश्वस्य परं निधानम्।
वेत्तासि वेद्यं च परं च धाम त्वया ततं विश्वमनन्तरूप॥३८॥

आदिदेव है तू पुरुष पुरातन
तू ही है इस विश्व का परम निधान,
वेत्ता, वेद्य, और परम धाम
अनन्तरूप तू ही सारे जग में व्याप्त। 38।

वायुर्यमोऽग्निर्वरुणः शशाङ्कः प्रजापतिस्त्वं प्रपितामहश्च।
नमो नमस्तेऽस्तु सहस्रकृत्वः पुनश्च भूयोऽपि नमो नमस्ते॥३९॥

वायु, अग्नि, यम, वरुण और चन्द्र
प्रजापति और सभी जीवों का प्रपितामह,
नमस्कार करके तुझे हजार बार
पुनः पुनः करता हूँ तुझे नमस्कार। 39।

नमः पुरस्तादथ पृष्ठतस्ते नमोऽस्तु ते सर्वत एव सर्व।
अनन्तवीर्यामितविक्रमस्त्वं सर्वं समाप्नोषि ततोऽसि सर्वः ॥४०॥

नमस्कार करता हूँ तुझे मैं आगे और पीछे से
सभी दिशाओं से तुझे नमस्कार है सर्वात्मा,
अनन्त तेरा पराक्रम, अमित है तेरा शौर्य
समाया है सभी में, सभी कुछ तू ही है
परमात्मा। 40।

सखेति मत्वा प्रसभं यदुक्तं हे कृष्ण हे यादव हे सखेति।
अजानता महिमानं तवेदं मया प्रमादात्प्रणयेन वापि ॥४१॥

मान कर तुझे अपना मित्र बुलाता था
तुझे मैं कह के, "हे कृष्ण, हे यादव, हे सखा,"
बुलाता था तुझे यूँ प्रेम या प्रमाद वश
नहीं जानता था तेरी मैं महिमा। 41।

यच्चावहासार्थमसत्कृतोऽसि विहारशय्यासनभोजनेषु।
एकोऽथवाप्यच्युत तत्समक्षं तत्क्षामये त्वामहमप्रमेयम् ॥४२॥

किया हो हँसी में जो तुझे अपमानित
विहार, शय्या, आसन, या भोजन में,
एकान्त में या औरों के समक्ष हे अच्युत
क्षमा करियेगा, हे अप्रमेय, अपराध मेरे। 42।

पितासि लोकस्य चराचरस्य त्वमस्य पूज्यश्च गुरुर्गरीयान्।
न त्वत्समोऽस्त्यभ्यधिकः कुतोऽन्यो लोकत्रयेऽप्यप्रतिमप्रभाव ॥४३॥

तुम हो इस चराचर लोक के पिता
तुम्हीं हो इस लोक के पूजनीय गुरु श्रेष्ठ,
नहीं कोई तीनों लोकों में तुम्हारे जैसा
अमित प्रभावशाली, नहीं कोई तुम से वरिष्ठ। 43।

तस्मात्प्रणम्य प्रणिधाय कायं प्रसादये त्वामहमीशमीड्यम्।
पितेव पुत्रस्य सखेव सख्युः प्रियः प्रियायार्हसि देव सोढुम्॥४४॥

साष्टांग करता हूँ तुझे नमस्कार
कृपया क्षमा कर मेरे अपराध,
क्षमा करता है जैसे पुत्र को पिता
मित्र को मित्र और प्रिया को प्रियतम। 44।

अदृष्टपूर्वं हृषितोऽस्मि दृष्ट्वा भयेन च प्रव्यथितं मनो मे।
तदेव मे दर्शय देवरूपं प्रसीद देवेश जगन्निवास॥४५॥

हर्षित हूँ देख यह तेरा रूप अदृष्टपूर्व
व्यथित है किन्तु भय से मेरा मन,
दिखलाओ प्रभु अब अपना रूप साधारण
देवाधिदेव तुम सब जग की शरण। 45।

किरीटिनं गदिनं चक्रहस्तमिच्छामि त्वां द्रष्टुमहं तथैव।
तेनैव रूपेण चतुर्भुजेन सहस्रबाहो भव विश्वमूर्ते॥४६॥

इच्छा है देखूँ प्रभु तेरे सिर पर मुकुट
हाथों में हों फिर गदा और चक्र,
वापस ले अपना यह सहस्रबाहु विश्वरूप
दिखला फिर अपना वही रूप चतुर्भुज। 46।

श्रीभगवानुवाच —
मया प्रसन्नेन तवार्जुनेदं रूपं परं दर्शितमात्मयोगात्।
तेजोमयं विश्वमनन्तमाद्यं यन्मे त्वदन्येन न दृष्टपूर्वम्॥४७॥

प्रसन्न होकर अर्जुन दिखाया है तुमको
रूप यह अपनी योगशक्ति के द्वारा,
अनन्त, असीमित, यह तेजोमय आदि रूप
देखा नहीं गया है तेरे सिवा किसी के द्वारा। 47।

न वेदयज्ञाध्ययनैर्न दानैर्न च क्रियाभिर्न तपोभिरुग्रैः।
एवंरूपः शक्य अहं नृलोके द्रष्टुं त्वदन्येन कुरुप्रवीर ॥४८॥

न वैदिक यज्ञों से, न अध्ययन या दान से
न कर्मकाण्ड से, न उग्र तपस्याओं से,
देखा जा सकता है इस नरलोक में
कुरुवीर यह रूप किसी और से। 48।

मा ते व्यथा मा च विमूढभावो दृष्ट्वा रूपं घोरमीदृङ्ममेदम्।
व्यपेतभीः प्रीतमनाः पुनस्त्वं तदेव मे रूपमिदं प्रपश्य ॥४९॥

व्यथित न हो अर्जुन, न हो तुम विमूढ़
देख कर के मेरे इस विकराल रूप को,
भयमुक्त होकर प्रीतियुक्त मन से
देखो फिर मेरे चतुर्भुज रूप को। 49।

सञ्जय उवाच —
इत्यर्जुनं वासुदेवस्तथोक्त्वा स्वकं रूपं दर्शयामास भूयः।
आश्वासयामास च भीतमेनं भूत्वा पुनः सौम्यवपुर्महात्मा ॥५०॥

बोल कर ऐसे वचन फिर अर्जुन से
वासुदेव ने किया निज पूर्व रूप धारण,
उस सौम्य रूप में महात्मा कृष्ण ने
भयभीत अर्जुन को दिया आश्वासन। 50।

अर्जुन उवाच —
दृष्ट्वेदं मानुषं रूपं तव सौम्यं जनार्दन।
इदानीमस्मि संवृत्तः सचेताः प्रकृतिं गतः ॥५१॥

देख करके मनुष्य रूप सौम्य
तेरा यह सुन्दर जनार्दन,
शान्त हो गया है मेरा चित्त
मिला है फिर मुझे अपना स्वभाव। 51।

श्रीभगवानुवाच —
सुदुर्दर्शमिदं रूपं दृष्टवानसि यन्मम।
देवा अप्यस्य रूपस्य नित्यं दर्शनकाङ्क्षिणः ॥५२॥

रूप मेरा दुर्लभ
तूने देखा जो अर्जुन,
देवता भी सदा
इसे देखने के इच्छुक। 52।

नाहं वेदैर्न तपसा न दानेन न चेज्यया।
शक्य एवंविधो द्रष्टुं दृष्टवानसि मां यथा ॥५३॥

न तप से, न वेदाध्ययन से
न दान से, न यज्ञ से भी,
देख सकता है कोई मुझे इस रूप में
देखा है जिसमें तूने अर्जुन मुझे अभी। 53।

भक्त्या त्वनन्यया शक्य अहमेवंविधोऽर्जुन।
ज्ञातुं द्रष्टुं च तत्त्वेन प्रवेष्टुं च परंतप ॥५४॥

केवल अनन्य भक्ति से संभव है अर्जुन,
जानना और देखना मुझे इस प्रकार से,
भक्ति के द्वारा सम्भव है परन्तप,
प्रवेश कर सकना भी इस विश्वरूप में। 54।

मत्कर्मकृन्मत्परमो मद्भक्तः सङ्गवर्जितः।
निर्वैरः सर्वभूतेषु यः स मामेति पाण्डव ॥५५॥

कर्मरत मेरे लिये मुझ पर जो तत्पर
भक्त मेरा जो रहित आसक्ति से,
नहीं है जिसे किसी भी प्राणी से बैर
जाता है पाण्डव वह पास ही मेरे। 55।

अध्याय 12
(भक्ति योग)

अर्जुन उवाच —
एवं सततयुक्ता ये भक्तास्त्वां पर्युपासते।
ये चाप्यक्षरमव्यक्तं तेषां के योगवित्तमाः ॥१॥

कौन है इनमें से योगवेत्ता श्रेष्ठ
सतत उपासक जो भजते हैं तुझको,
या जो भजते हैं केशव,
अव्यक्त, अक्षर ब्रह्म को। 1।

श्रीभगवानुवाच —
मय्यावेश्य मनो ये मां नित्ययुक्ता उपासते।
श्रद्धया परयोपेतास्ते मे युक्ततमा मताः ॥२॥

करके मुझ पर निज मन को स्थित
करते हैं सदा जो उपासना मेरी,
परम श्रद्धा से परिपूरित ये जन
मानता हूँ उनको मैं श्रेष्ठतम योगी। 2।

ये त्वक्षरमनिर्देश्यमव्यक्तं पर्युपासते।
सर्वत्रगमचिन्त्यं च कूटस्थमचलं ध्रुवम् ॥३॥

भजते हैं जो अविनाशी, अव्यक्त
अकथनीय, सर्वगामी ब्रह्म को,
अचिन्त्य, अपरिवर्तनशील
अचल और स्थिर जो। 3।

सन्नियम्येन्द्रियग्रामं सर्वत्र समबुद्धयः।
ते प्राप्नुवन्ति मामेव सर्वभूतहिते रताः॥४॥

संयमित हैं जिनकी इन्द्रियाँ सारी
बुद्धि जिनकी सम है सर्वत्र,
पाते हैं वे जन भी मुझको
सभी प्राणियों के हित में जो रत।4।

क्लेशोऽधिकतरस्तेषामव्यक्तासक्तचेतसाम्।
अव्यक्ता हि गतिर्दुःखं देहवद्भिरवाप्यते॥५॥

क्लेश हैं अधिक मार्ग में उनके
चित्त जिनका लगा है अव्यक्त में,
कठिन है अति अव्यक्त को पाना उन्हें
देहाभिमान अभी शेष है जिनमें।5।

ये तु सर्वाणि कर्माणि मयि संन्यस्य मत्पराः।
अनन्येनैव योगेन मां ध्यायन्त उपासते॥६॥

सभी कर्मों को करके मुझको अर्पण
होते हैं जो मुझ पर परायण,
अनन्य योग से करते हैं जो
मेरी उपासना और मेरा ध्यान।6।

तेषामहं समुद्धर्ता मृत्युसंसारसागरात्।
भवामि नचिरात्पार्थ मय्यावेशितचेतसाम्॥७॥

शीघ्र ही करता हूँ मैं उनका
मृत्युसंसारसागर से उद्धार,
चित्त जिनका लगा है
सदा मुझ पर ही पार्थ।7।

मय्येव मन आधत्स्व मयि बुद्धिं निवेशय।
निवसिष्यसि मय्येव अत ऊर्ध्वं न संशयः ॥८॥

मन लगा तू केवल मुझ पर
कर अपनी बुद्धि से मुझमें प्रवेश,
निवास करेगा तू मुझमें ही फिर
नहीं कर तू इसमें संदेह।8।

अथ चित्तं समाधातुं न शक्नोषि मयि स्थिरम्।
अभ्यासयोगेन ततो मामिच्छाप्तुं धनञ्जय ॥९॥

सम्भव नहीं है यदि तेरे लिये
चित्त मुझ ही पर स्थिर करना,
अभ्यास योग से तब, धनंजय,
मुझे पाने की इच्छा करना।9।

अभ्यासेऽप्यसमर्थोऽसि मत्कर्मपरमो भव।
मदर्थमपि कर्माणि कुर्वन्सिद्धिमवाप्स्यसि ॥१०॥

कर नहीं सकता यदि तू योगाभ्यास
लगन से मेरा काम कर पार्थ,
करते हुये तू कर्म मेरे लिये
निश्चय करेगा सिद्धि को प्राप्त।10।

अथैतदप्यशक्तोऽसि कर्तुं मद्योगमाश्रितः।
सर्वकर्मफलत्यागं ततः कुरु यतात्मवान् ॥११॥

कर नहीं सकता यदि यह भी तू
हो फिर मेरे योग बल पर आश्रित,
सभी कर्मफलों का करके त्याग
कर्म कर तू आत्मनियंत्रण के सहित।11।

श्रेयो हि ज्ञानमभ्यासाज्ज्ञानाद्ध्यानं विशिष्यते।
ध्यानात्कर्मफलत्यागस्त्यागाच्छान्तिरनन्तरम् ॥१२॥

योगाभ्यास से श्रेष्ठ है ज्ञान
और ज्ञान से भी श्रेयस्कर है ध्यान,
ध्यान से भी श्रेष्ठ है कर्मफलों का त्याग
शान्ति जिससे मिलती है तत्काल। 12।

अद्वेष्टा सर्वभूतानां मैत्रः करुण एव च।
निर्ममो निरहङ्कारः समदुःखसुखः क्षमी ॥१३॥

द्वेष नहीं है किसी प्राणी से जिसे
मैत्री और करुणा का है जो निधान,
अहंकार और ममता से है जो मुक्त
समदर्शी है जो सुख दुःख में धैर्यवान। 13।

सन्तुष्टः सततं योगी यतात्मा दृढनिश्चयः।
मय्यर्पितमनोबुद्धिर्यो मद्भक्तः स मे प्रियः ॥१४॥

योगी जो रहता है सदा सन्तुष्ट
आत्मसंयमी जो है दृढ़निश्चय,
अर्पित है जिसकी मुझ पर मन-बुद्धि
भक्त मेरा है वह मुझे अति प्रिय। 14।

यस्मान्नोद्विजते लोको लोकान्नोद्विजते च यः।
हर्षामर्षभयोद्वेगैर्मुक्तो यः स च मे प्रियः ॥१५॥

उद्विग्न नहीं करता जो जग को
जग नहीं करता है जिसको उद्विग्न,
हर्ष, अमर्ष, उद्वेग, और भय से
मुक्त है जो वह भक्त मुझे प्रिय। 15।

अनपेक्षः शुचिर्दक्ष उदासीनो गतव्यथः।
सर्वारम्भपरित्यागी यो मद्भक्तः स मे प्रियः ॥१६॥

निरपेक्ष हैं जो शुद्ध और दक्ष
उदासीन और हीन जो व्यथा से,
त्याग चुका है जो सभी कर्मों का प्रारम्भ
भक्त है मेरा वह प्रिय है मुझको। 16।

यो न हृष्यति न द्वेष्टि न शोचति न काङ्क्षति।
शुभाशुभपरित्यागी भक्तिमान्यः स मे प्रियः ॥१७॥

हर्ष नहीं करता न करता जो द्वेष
न ही करता है कोई आकांक्षा या शोक,
त्याग चुका है जो शुभ और अशुभ को
भक्त है मेरा वह प्रिय है मुझको। 17।

समः शत्रौ च मित्रे च तथा मानापमानयोः।
शीतोष्णसुखदुःखेषु समः सङ्गविवर्जितः ॥१८॥

बराबर हैं जिसको शत्रु और मित्र
मान, अपमान हैं जिसको समान,
सम जिसको हैं सर्दी-गर्मी, सुख-दुःख
चुका है जो सभी आसक्तियों को त्याग। 18।

तुल्यनिन्दास्तुतिर्मौनी संतुष्टो येन केनचित्।
अनिकेतः स्थिरमतिर्भक्तिमान्मे प्रियो नरः ॥१९॥

तुल्य हैं जिसको निन्दा और स्तुति
संतुष्ट हर चीज से जिसकी वाणी नियंत्रित,
घर नहीं है जिसका कहीं पर भी
प्रिय है मुझे वह भक्त स्थिरमति। 19।

ये तु धर्म्यामृतमिदं यथोक्तं पर्युपासते।
श्रद्दधाना मत्परमा भक्तास्तेऽतीव मे प्रियाः ॥२०॥

करते हैं जो इस धर्ममय
अमृत का अनुसरण,
अति प्रिय हैं मुझको वे
श्रद्धालु भक्त ममपरायण। 20।

अध्याय 13
(क्षेत्रक्षेत्रज्ञविभाग योग)

श्रीभगवानुवाच —
इदं शरीरं कौन्तेय क्षेत्रमित्यभिधीयते।
एतद्यो वेत्ति तं प्राहुः क्षेत्रज्ञ इति तद्विदः ॥१॥

जाना जाता है क्षेत्र कहके
यह शरीर, कौन्तेय,
जानता है इस तत्व को जो
ज्ञानी उसे कहते हैं क्षेत्रज्ञ।1।

क्षेत्रज्ञं चापि मां विद्धि सर्वक्षेत्रेषु भारत।
क्षेत्रक्षेत्रज्ञयोर्ज्ञानं यत्तज्ज्ञानं मतं मम ॥२॥

क्षेत्रज्ञ सभी क्षेत्रों का
भारत, मुझे जानो,
क्षेत्र और क्षेत्रज्ञ को जानना
ही तत्वज्ञान है, यह मानो।2।

तत्क्षेत्रं यच्च यादृक्च यद्विकारि यतश्च यत्।
स च यो यत्प्रभावश्च तत्समासेन मे शृणु ॥३॥

क्या है क्षेत्र, प्रकृति क्या इसकी
क्या हैं इसके विकार और कारण,
क्षेत्रज्ञ और उसके प्रभाव क्या हैं
बताऊँगा तुझे संक्षिप्त में, अर्जुन।3।

ऋषिभिर्बहुधा गीतं छन्दोभिर्विविधैः पृथक्।
ब्रह्मसूत्रपदैश्चैव हेतुमद्भिर्विनिश्चितैः ॥४॥

गाया है इसे विविध प्रकार से
विभिन्न छन्दों में ऋषियों ने,
ब्रह्मसूत्र के पदों ने भी
समझाया है सुनिश्चित युक्तियों से।4।

महाभूतान्यहङ्कारो बुद्धिरव्यक्तमेव च।
इन्द्रियाणि दशैकं च पञ्च चेन्द्रियगोचराः ॥५॥

पंच महाभूत, अहंकार,
बुद्धि, एवं प्रकृति अव्यक्त,
दसों इन्द्रियों और
पाँचो ज्ञानेन्द्रियों के विषय।5।

इच्छा द्वेषः सुखं दुःखं सङ्घातश्चेतना धृतिः।
एतत्क्षेत्रं समासेन सविकारमुदाहृतम् ॥६॥

इच्छा, द्वेष, सुख, और दुःख
स्थूल शरीर, चेतना, और धृति,
ये सभी अपने विकारों के सहित
कहलाते हैं संक्षिप्त में क्षेत्र, हे सुमति।6।

अमानित्वमदम्भित्वमहिंसा क्षान्तिरार्जवम्।
आचार्योपासनं शौचं स्थैर्यमात्मविनिग्रहः ॥७॥

अभाव अभिमान और दम्भ का
अहिंसा, धैर्य, और सरलता,
उपासना गुरु की और शुद्धता
इन्द्रियनिग्रह और स्थिरता।7।

इन्द्रियार्थेषु वैराग्यमनहङ्कार एव च।
जन्ममृत्युजराव्याधिदुःखदोषानुदर्शनम् ॥८॥

वैराग्य इन्द्रियों के विषयों से
और अभाव अहंकार का,
जन्म, मृत्यु, जरा, और व्याधि के
दुःख दोषों का अनुदर्शन। 8।

असक्तिरनभिष्वङ्गः पुत्रदारगृहादिषु।
नित्यं च समचित्तत्वमिष्टानिष्टोपपत्तिषु ॥९॥

अभाव आसक्ति का
पत्नी, पुत्र, गृह, और सम्पत्ति में,
समचित्तता सदैव
इष्ट और अनिष्ट घटनाओं में। 9।

मयि चानन्ययोगेन भक्तिरव्यभिचारिणी।
विविक्तदेशसेवित्वमरतिर्जनसंसदि ॥१०॥

अनन्य योग से मुझमें
अव्यभिचारिणी भक्ति,
एकान्त में रुचि
और भीड़ से अरुचि। 10।

अध्यात्मज्ञाननित्यत्वं तत्त्वज्ञानार्थदर्शनम्।
एतज्ज्ञानमिति प्रोक्तमज्ञानं यदतोऽन्यथा ॥११॥

अध्यात्मज्ञान में नित्यस्थिति
तत्वज्ञान के अर्थ का दर्शन,
कहलाते हैं ये सब ज्ञान
विपरीत जो इनके वह है अज्ञान। 11।

ज्ञेयं यत्तत्प्रवक्ष्यामि यज्ज्ञात्वामृतमश्नुते।
अनादिमत्परं ब्रह्म न सत्तन्नासदुच्यते ॥१२॥

बताऊँगा अब जो जानने के योग्य
जान कर जिसे मिलता है अमरत्व,
वह है अर्जुन, अनादि परम ब्रह्म
अकथनीय वह न सत्, न असत्। 12।

सर्वतःपाणिपादं तत्सर्वतोक्षिशिरोमुखम्।
सर्वतःश्रुतिमल्लोके सर्वमावृत्य तिष्ठति ॥१३॥

सभी तरफ हैं उसके हाथ और पैर
सर्वत्र हैं उसके सिर, आँखें, और मुख,
सुनता है सभी कुछ, करता हुआ
वह इस विश्व को आवृत्त। 13।

सर्वेन्द्रियगुणाभासं सर्वेन्द्रियविवर्जितम्।
असक्तं सर्वभृच्चैव निर्गुणं गुणभोक्तृ च ॥१४॥

जानता है सभी इन्द्रियों के विषयों को
सभी इन्द्रियों से किन्तु वह रहित,
अनासक्त सभी से किन्तु पोषता है सब को
भोगता सभी गुणों को किन्तु गुणों से रहित। 14।

बहिरन्तश्च भूतानामचरं चरमेव च।
सूक्ष्मत्वात्तदविज्ञेयं दूरस्थं चान्तिके च तत् ॥१५॥

स्थित सभी प्राणियों के भीतर और बाहर
अविचल है वह और चलायमान बहुत,
जाना नहीं जा सकता अपनी सूक्ष्मता के कारण
दूर है वह और है अति निकट। 15।

अविभक्तं च भूतेषु विभक्तमिव च स्थितम्।
भूतभर्तृ च तज्ज्ञेयं ग्रसिष्णु प्रभविष्णु च ॥१६॥

अविभक्त है किन्तु
विभक्त है प्राणियों में,
कर्ता, धर्ता,
और संहर्ता वह उनका। 16।

ज्योतिषामपि तज्ज्योतिस्तमसः परमुच्यते।
ज्ञानं ज्ञेयं ज्ञानगम्यं हृदि सर्वस्य विष्ठितम् ॥१७॥

सभी ज्योतियों की ज्योति
वह पार अन्धकार के,
ज्ञान, ज्ञेय, और ज्ञान का उद्देश्य
विराजित है सभी प्राणियों के हृदयों में। 17।

इति क्षेत्रं तथा ज्ञानं ज्ञेयं चोक्तं समासतः।
मद्भक्त एतद्विज्ञाय मद्भावायोपपद्यते ॥१८॥

क्षेत्र, ज्ञान, और ज्ञेय का
किया गया यह संक्षिप्त वर्णन,
जान कर यह मेरा भक्त
प्राप्त करता मेरे भाव को अर्जुन। 18।

प्रकृतिं पुरुषं चैव विद्ध्यनादी उभावपि।
विकारांश्च गुणांश्चैव विद्धि प्रकृतिसम्भवान् ॥१९॥

प्रकृति और पुरुष
दोनों को ही अनादि जानो,
गुणों और विकारों को
प्रकृतिजनित मानो। 19।

कार्यकारणकर्तृत्वे हेतुः प्रकृतिरुच्यते।
पुरुषः सुखदुःखानां भोक्तृत्वे हेतुरुच्यते ॥२०॥

प्रकृति है हेतु सभी कार्य,
करण, और कर्तृत्य का,
पुरुष है हेतु सभी
सुखदुःखों के भोग का। 20।

पुरुषः प्रकृतिस्थो हि भुङ्क्ते प्रकृतिजान्गुणान्।
कारणं गुणसङ्गोऽस्य सदसद्योनिजन्मसु ॥२१॥

प्रकृति में स्थित पुरुष भोगता है
सभी प्रकृतिजन्य गुणों को,
इस गुणसंग के कारण ही
जन्मता है अच्छी बुरी योनियों में। 21।

उपद्रष्टानुमन्ता च भर्ता भोक्ता महेश्वरः।
परमात्मेति चाप्युक्तो देहेऽस्मिन्पुरुषः परः ॥२२॥

परम पुरुष जो है देह में स्थित
है वही साक्षी और अनुमन्ता,
महेश्वर है वही भर्ता और भोक्ता
उसी को जन कहते हैं परमात्मा। 22।

य एवं वेत्ति पुरुषं प्रकृतिं च गुणैः सह।
सर्वथा वर्तमानोऽपि न स भूयोऽभिजायते ॥२३॥

जानता है जो इस पुरुष को
प्रकृति और गुणों के सहित,
वर्तमान कैसे ही हो वह जन
होता है वह पुनर्जन्म से मुक्त। 23।

ध्यानेनात्मनि पश्यन्ति केचिदात्मानमात्मना।
अन्ये साङ्ख्येन योगेन कर्मयोगेन चापरे॥२४॥

देखते हैं कुछ इस परमात्मा को
अपने अन्दर ही आत्मध्यान के द्वारा,
सांख्य योग से कोई देखते हैं इसको
अन्य देखते हैं इसे कर्मयोग के द्वारा। 24।

अन्ये त्वेवमजानन्तः श्रुत्वान्येभ्य उपासते।
तेऽपि चातितरन्त्येव मृत्युं श्रुतिपरायणाः॥२५॥

अन्य जो नहीं जानते हैं योगपथ
औरों से सुन कर करते हैं उपासना,
पहुँच जाते हैं वे मृत्यु के उस पार
अपनी श्रुतिपरायणता के द्वारा। 25।

यावत्सञ्जायते किञ्चित्सत्त्वं स्थावरजङ्गमम्।
क्षेत्रक्षेत्रज्ञसंयोगात्तद्विद्धि भरतर्षभ॥२६॥

जो कोई भी लेता है जन्म
प्राणी स्थावर हो या जंगम,
जन्मता है वह क्षेत्र और क्षेत्रज्ञ के संयोग से
निश्चित ऐसा तुम जानो भरतर्षभ। 26।

समं सर्वेषु भूतेषु तिष्ठन्तं परमेश्वरम्।
विनश्यत्स्वविनश्यन्तं यः पश्यति स पश्यति॥२७॥

समान रूप से सभी प्राणियों में
स्थित है परमेश्वर,
विनाश में इनके, जो देखता है, अविनाशी को
देखना उसका सही है, अर्जुन। 27।

समं पश्यन्हि सर्वत्र समवस्थितमीश्वरम्।
न हिनस्त्यात्मनात्मानं ततो याति परां गतिम्॥२८॥

देखते हुये इस परमेश्वर को
समान रूप से सर्वत्र स्थित,
आत्मा को आत्मा से जो देता नहीं दुःख
प्राप्त करता है वह परम गति को।28।

प्रकृत्यैव च कर्माणि क्रियमाणानि सर्वशः।
यः पश्यति तथात्मानमकर्तारं स पश्यति॥२९॥

देखता है जो कि कर्म सारे
होते हैं प्रकृति के द्वारा सम्पन्न,
कर्ता नहीं है वह किसी भी कर्म का
देखना उसका सही है, अर्जुन।29।

यदा भूतपृथग्भावमेकस्थमनुपश्यति।
तत एव च विस्तारं ब्रह्म सम्पद्यते तदा॥३०॥

देखता है जो ये पृथक् पृथक् प्राणी
स्थित हैं सब उसी एक में,
पाता है वह उस ब्रह्म को
विस्तार जिसका है इन अनेक जीवों में।30।

अनादित्वान्निर्गुणत्वात्परमात्मायमव्ययः।
शरीरस्थोऽपि कौन्तेय न करोति न लिप्यते॥३१॥

क्योंकि यह अविनाशी परमात्मा
अनादि है और गुणों से अतीत,
होकर भी शरीर में स्थित
करता नहीं कुछ भी, न होता है लिप्त।31।

यथा सर्वगतं सौक्ष्म्यादाकाशं नोपलिप्यते।
सर्वत्रावस्थितो देहे तथात्मा नोपलिप्यते॥३२॥

जैसे अपनी सूक्ष्मता के कारण
मलिन नहीं होता है सर्वव्यापी आकाश,
वैसे ही सभी देहों में स्थित आत्मा
नहीं होता है मलिनता को प्राप्त। 32।

यथा प्रकाशयत्येकः कृत्स्नं लोकमिमं रविः।
क्षेत्रं क्षेत्री तथा कृत्स्नं प्रकाशयति भारत॥३३॥

प्रकाशित होता है सारा लोक
जैसे एक सूर्य के द्वारा,
प्रकाशित होता है सारा क्षेत्र
वैसे ही एक क्षेत्रज्ञ के द्वारा। 33।

क्षेत्रक्षेत्रज्ञयोरेवमन्तरं ज्ञानचक्षुषा।
भूतप्रकृतिमोक्षं च ये विदुर्यान्ति ते परम्॥३४॥

क्षेत्र और क्षेत्रज्ञ का यह अन्तर
और जीवों की मुक्ति प्रकृति के पाश से,
देखते हैं जो ज्ञान की आँख से
परम पद को जाते हैं वे। 34।

अध्याय 14
(गुणत्रयविभाग योग)

श्रीभगवानुवाच —
परं भूयः प्रवक्ष्यामि ज्ञानानां ज्ञानमुत्तमम्।
यज्ज्ञात्वा मुनयः सर्वे परां सिद्धिमितो गताः ॥१॥

बताऊँगा तुम्हें अब वह ज्ञान
जो उत्तम है सभी ज्ञानों में,
जान के जिसको मुनि सभी
जाते हैं परम सिद्धि को।1।

इदं ज्ञानमुपाश्रित्य मम साधर्म्यमागताः।
सर्गेऽपि नोपजायन्ते प्रलये न व्यथन्ति च ॥२॥

आश्रय लेकर इस ज्ञान का
पाते हैं वे मुझसे तादात्म्य,
पैदा नहीं होते वे सृष्टि के आदि में
प्रलय में भी वे होते नहीं व्यथित।2।

मम योनिर्महद्ब्रह्म तस्मिन्गर्भं दधाम्यहम्।
सम्भवः सर्वभूतानां ततो भवति भारत ॥३॥

योनि है मेरी यह महत् ब्रह्म
बोता हूँ जिसमें मैं बीज चेतना का,
संयोग से इस जड़ और चेतन के
जन्म होता है सभी प्राणियों का।3।

सर्वयोनिषु कौन्तेय मूर्तयः सम्भवन्ति याः।
तासां ब्रह्म महद्योनिरहं बीजप्रदः पिता ॥४॥

सभी योनियों में, हे कौन्तेय
जन्मते हैं ये जो शरीर विविध,
ब्रह्म है उनका महत् गर्भ
और मैं हूँ उनका पिता जो बोता है बीज।4।

सत्त्वं रजस्तम इति गुणाः प्रकृतिसम्भवाः।
निबध्नन्ति महाबाहो देहे देहिनमव्ययम्॥५॥

सत्व, रज, और तम
तीन हैं ये प्रकृतिजनित गुण,
बाँधते हैं शरीर के बन्धन में
अविनाशी जीवात्मा को, अर्जुन।5।

तत्र सत्त्वं निर्मलत्वात्प्रकाशकमनामयम्।
सुखसङ्गेन बध्नाति ज्ञानसङ्गेन चानघ॥६॥

सत्व गुण अपनी निर्मलता के द्वारा
देता है आरोग्य और प्रकाश,
बाँधता है यह मानव को
सुख और ज्ञान की आसक्ति से।6।

रजो रागात्मकं विद्धि तृष्णासङ्गसमुद्भवम्।
तन्निबध्नाति कौन्तेय कर्मसङ्गेन देहिनम्॥७॥

रजोगुण को रागात्मक जानो
उत्पन्न होता है जो तृष्णा से,
बाँधता है यह देहधारी को
कर्म की आसक्ति से।7।

तमस्त्वज्ञानजं विद्धि मोहनं सर्वदेहिनाम्।
प्रमादालस्यनिद्राभिस्तन्निबध्नाति भारत ॥८॥

तमोगुण जो उपजता है अज्ञान से
करता है सभी जीवधारियों को मोहित,
प्रमाद, आलस्य, और निद्रा से
बाँधता है यह देहधारियों को, अर्जुन।8।

सत्त्वं सुखे सञ्जयति रजः कर्मणि भारत।
ज्ञानमावृत्य तु तमः प्रमादे सञ्जयत्युत ॥९॥

सतोगुण से होती है सुख में आसक्ति
रजोगुण आसक्ति कराता है कर्मों से,
तमोगुण करके ज्ञान का आच्छादन
आसक्ति पैदा करता है प्रमाद से।9।

रजस्तमश्चाभिभूय सत्त्वं भवति भारत।
रजः सत्त्वं तमश्चैव तमः सत्त्वं रजस्तथा ॥१०॥

दबा कर रज और तम को
उभरता है सत्व, भारत,
सत्व और रज से, वैसे ही, तम
और रज, वैसे ही, सत्व और तम से।10।

सर्वद्वारेषु देहेऽस्मिन्प्रकाश उपजायते।
ज्ञानं यदा तदा विद्याद्विवृद्धं सत्त्वमित्युत ॥११॥

इस देह के सभी द्वारों में
उपजता है जब ज्ञान का प्रकाश,
होता है निश्चय ही
तब सतोगुण का विकास।11।

लोभः प्रवृत्तिरारम्भः कर्मणामशमः स्पृहा।
रजस्येतानि जायन्ते विवृद्धे भरतर्षभ ॥१२॥

लोभ, सक्रियता, नव कर्मों का आरम्भ
अशान्ति, एवं कामना का उद्‌भव,
रजोगुण की वृद्धि से होते हैं ये
मत यह मेरा तुम जानो, भरतर्षभ। 12।

अप्रकाशोऽप्रवृत्तिश्च प्रमादो मोह एव च।
तमस्येतानि जायन्ते विवृद्धे कुरुनन्दन ॥१३॥

कर्मों में अप्रवृत्ति और प्रकाश का अभाव
साथ में उनके मोह और प्रमाद,
उपजते हैं यह तमोगुण की वृद्धि से
जानो यह तथ्य तुम, कुरुनन्दन। 13।

यदा सत्त्वे प्रवृद्धे तु प्रलयं याति देहभृत्।
तदोत्तमविदां लोकानमलान्प्रतिपद्यते ॥१४॥

सतोगुण की वृद्धि में
जो मरता है, पार्थ,
ज्ञानियों के निष्कलुष
लोकों को करता है प्राप्त। 14।

रजसि प्रलयं गत्वा कर्मसङ्गिषु जायते।
तथा प्रलीनस्तमसि मूढयोनिषु जायते ॥१५॥

रजोगुण की वृद्धि में मरता है जो
कर्मासक्त लोगों के बीच जन्मता है वो,
तमोगुण की प्रबलता में मरता है जो
मूढ़ योनियों में जन्मता है वो। 15।

कर्मणः सुकृतस्याहुः सात्त्विकं निर्मलं फलम्।
रजसस्तु फलं दुःखमज्ञानं तमसः फलम्॥१६॥

कहते हैं सुकृत कर्मों का
सात्विक, निर्मल है फल,
राजसिक कर्मों का फल है दुःख
और तामसिक का अज्ञान। 16।

सत्त्वात्सञ्जायते ज्ञानं रजसो लोभ एव च।
प्रमादमोहौ तमसो भवतोऽज्ञानमेव च॥१७॥

सतोगुण से उपजता है ज्ञान
और रजोगुण से लोभ,
तमोगुण से उपजते हैं केवल
अज्ञान, प्रमाद, और मोह। 17।

ऊर्ध्वं गच्छन्ति सत्त्वस्था मध्ये तिष्ठन्ति राजसाः।
जघन्यगुणवृत्तिस्था अधो गच्छन्ति तामसाः॥१८॥

सत्वस्थ जनों की ऊर्ध्व है गति
रजोगुण वालों की मध्य में स्थिति,
स्थित हैं जो जघन्य तमोगुण में
प्राप्त करते हैं वे नर अधोगति। 18।

नान्यं गुणेभ्यः कर्तारं यदा द्रष्टानुपश्यति।
गुणेभ्यश्च परं वेत्ति मद्भावं सोऽधिगच्छति॥१९॥

देखता नहीं जब कोई और कर्ता
दृष्टा जब गुणों के अतिरिक्त,
प्राप्त करता है वह मेरे परम भाव को
देखता है उसको जो गुणों से अतीत। 19।

गुणानेतानतीत्य त्रीन्देही देहसमुद्भवान्।
जन्ममृत्युजरादुःखैर्विमुक्तोऽमृतमश्नुते ॥२०॥

होता है जब देहधारी
अतीत इन देहजनित गुणों से,
प्राप्त होता है वह अमरत्व को
मुक्त होकर जन्म, मृत्यु, और जरा से। 20।

अर्जुन उवाच —
कैर्लिङ्गैस्त्रीन्गुणानेतानतीतो भवति प्रभो।
किमाचारः कथं चैतांस्त्रीन्गुणानतिवर्तते ॥२१॥

पहचानते हैं उसे किन चिन्हों से
हो चुका है जो इन तीनों गुणों से अतीत,
आचार कैसा उसका होता है, प्रभु
हो चुका है जो इन गुणों से अतीत। 21।

श्रीभगवानुवाच —
प्रकाशं च प्रवृत्तिं च मोहमेव च पाण्डव।
न द्वेष्टि सम्प्रवृत्तानि न निवृत्तानि काङ्क्षति ॥२२॥

प्रकट होते हैं जब प्रकाश, सक्रियता, या मोह
नहीं करता वह उनसे दुराव,
अनुपस्थिति में उनकी, पाण्डव,
नहीं रखता वह उनमें चाव। 22।

उदासीनवदासीनो गुणैर्यो न विचाल्यते।
गुणा वर्तन्त इत्येव योऽवतिष्ठति नेङ्गते ॥२३॥

साक्षी की तरह आसीन है जो
नहीं होता जो गुणों से विचलित,
वर्तित हो रहे हैं गुण गुणों से ही
जान करके वह रहता है स्थिर। 23।

समदुःखसुखः स्वस्थः समलोष्टाश्मकाञ्चनः।
तुल्यप्रियाप्रियो धीरस्तुल्यनिन्दात्मसंस्तुतिः ॥२४॥

सुख.दुःख में सम वह स्व में स्थित
समझता है बराबर मिट्टी, पत्थर और सोने को,
तुल्य हैं उस धीर को प्रिय और अप्रिय
निन्दा और स्तुति भी तुल्य हैं उसको। 24।

मानापमानयोस्तुल्यस्तुल्यो मित्रारिपक्षयोः।
सर्वारम्भपरित्यागी गुणातीतः स उच्यते ॥२५॥

समान हैं जिसको मान और अपमान
बराबर हैं जिसके लिये शत्रु और मित्र,
आरम्भ नहीं करता जो किसी भी कर्म का
कहलाता है, अर्जुन, वह गुणातीत। 25।

मां च योऽव्यभिचारेण भक्तियोगेन सेवते।
स गुणान्समतीत्यैतान्ब्रह्मभूयाय कल्पते ॥२६॥

करता है जो मेरी सेवा
अविरल भक्तियोग से,
होता है ब्रह्मलीनता के योग्य
अतीत होकर गुणों से। 26।

ब्रह्मणो हि प्रतिष्ठाहममृतस्याव्ययस्य च।
शाश्वतस्य च धर्मस्य सुखस्यैकान्तिकस्य च ॥२७॥

आधार मैं ही हूँ उस
अमृत, अविनाशी ब्रह्म का,
मैं ही हूँ आश्रय शाश्वत
धर्म और परम सुख का। 27।

अध्याय 15
(पुरुषोत्तम योग)

श्रीभगवानुवाच —
ऊर्ध्वमूलमधःशाखमश्वत्थं प्राहुरव्ययम्।
छन्दांसि यस्य पर्णानि यस्तं वेद स वेदवित्॥१॥

जड़ ऊपर नीचे शाखायें इस पीपल की
इसको अमर वृक्ष कहते हैं,
वेदमंत्र हैं इस पीपल के पत्ते
जाने इसको उसे वेदवेत्ता कहते हैं।1।

अधश्चोर्ध्वं प्रसृतास्तस्य शाखा गुणप्रवृद्धा विषयप्रवालाः।
अधश्च मूलान्यनुसंततानि कर्मानुबन्धीनि मनुष्यलोके॥२॥

ऊपर और नीचे इसकी फैलती हुयी शाखायें
गुणों से पोषित जिनमें विषयों की कोपलें,
नीचे से निकलती इसकी उलझती जटायें
कर्मों में बाँधती हैं मनुष्यों के लोक में।2।

न रूपमस्येह तथोपलभ्यते नान्तो न चादिर्न च सम्प्रतिष्ठा।
अश्वत्थमेनं सुविरूढमूलमसङ्गशस्त्रेण दृढेन छित्त्वा॥३॥

नहीं देखा जाता यहाँ इसका रूप यथार्थ
नहीं दिखता इसका आदि, अन्त, या आधार,
काट कर वैराग्य के दृढ़ शस्त्र से
इस दृढ़ मूलों वाले पीपल के वृक्ष को।3।

ततः पदं तत्परिमार्गितव्यं यस्मिन्गता न निवर्तन्ति भूयः।
तमेव चाद्यं पुरुषं प्रपद्ये यतः प्रवृत्तिः प्रसृता पुराणी ॥४॥

खोज करनी चाहिये उस परम पद की
जा के जहाँ पर नहीं लौटता कोई नर,
खोजते हुये, "लेता हूँ उस आदि पुरुष की शरण
जिससे हुआ है प्राचीन काल में सभी प्रवृतियों का
प्रसरण" । 4 ।

निर्मानमोहा जितसङ्गदोषा अध्यात्मनित्या विनिवृत्तकामाः।
द्वन्द्वैर्विमुक्ताः सुखदुःखसञ्ज्ञैर्गच्छन्त्यमूढाः पदमव्ययं तत् ॥५॥

मान मोह से रहित, जीत लिया है जिनने आसक्ति का दोष
निवृत्त सभी इच्छाओं से जो आत्मा में स्थित,
मुक्त हैं जो सुख दुःख के द्वन्द्वों से
ज्ञानी प्राप्त करते हैं अविनाशी पद । 5 ।

न तद्भासयते सूर्यो न शशाङ्को न पावकः।
यद्गत्वा न निवर्तन्ते तद्धाम परमं मम ॥६॥

प्रकाशित जिसे नहीं कर सकता सूर्य
चन्द्र, और अग्नि में भी नहीं यह क्षमता,
वही है मेरा परम धाम, अर्जुन
जा के जहाँ नर लौट के नहीं आता । 6 ।

ममैवांशो जीवलोके जीवभूतः सनातनः।
मनःषष्ठानीन्द्रियाणि प्रकृतिस्थानि कर्षति ॥७॥

मेरा ही एक अंश जीवलोक में
होकर के पृथक् जीव सनातन,
आकर्षित करता है मन आदि षट इन्द्रियों को
थीं जो पहले प्रकृति में स्थापित । 7 ।

शरीरं यदवाप्नोति यच्चाप्युत्क्रामतीश्वरः।
गृहीत्वैतानि संयाति वायुर्गन्धानिवाशयात्॥८॥

गन्ध के स्थान से गन्ध को वायु
ले जाता है उड़ा करके जैसे,
त्यागे हुये शरीर से नये शरीर को जीवात्मा
ले जाता है मन और इन्द्रियों को वैसे।8।

श्रोत्रं चक्षुः स्पर्शनं च रसनं घ्राणमेव च।
अधिष्ठाय मनश्चायं विषयानुपसेवते॥९॥

श्रोत्र, दृष्टि, स्पर्श, गन्ध और स्वाद
इन्द्रियाँ ये सारी और मन,
बन कर के इनका अधिष्ठाता
जीवात्मा करता है विषयों का सेवन।9।

उत्क्रामन्तं स्थितं वापि भुञ्जानं वा गुणान्वितम्।
विमूढा नानुपश्यन्ति पश्यन्ति ज्ञानचक्षुषः॥१०॥

शरीर में स्थित या करते हुये शरीरत्याग
या गुणों के द्वारा भोगते हुये भोग,
मूढ़ नहीं देखते हैं इस आत्मा को
दृश्य है किन्तु यह ज्ञान चक्षु वालों को।10।

यतन्तो योगिनश्चैनं पश्यन्त्यात्मन्यवस्थितम्।
यतन्तोऽप्यकृतात्मानो नैनं पश्यन्त्यचेतसः॥११॥

योगी करते हुये सतत प्रयास
देखते हैं इस परमेश्वर को स्वहृदय में,
किन्तु जो हैं अज्ञानी, अयुक्त
यत्न करके भी नहीं देखते हैं इसे।11।

यदादित्यगतं तेजो जगद्भासयतेऽखिलम्।
यच्चन्द्रमसि यच्चाग्नौ तत्तेजो विद्धि मामकम्॥१२॥

प्रकाशित अखिल जग को
करता है सूर्य जिस तेज से,
तेज है जो चन्द्र और अग्नि में
मेरा ही तेज तुम मानो उसे। 12।

गामाविश्य च भूतानि धारयाम्यहमोजसा।
पुष्णामि चौषधीः सर्वाः सोमो भूत्वा रसात्मकः॥१३॥

हो करके प्रविष्ट पृथ्वी में, करता हूँ
स्वशक्ति से सभी प्राणियों का धारण,
बन करके रसात्मक सोम, करता हूँ
मैं ही सभी वनस्पतियों का पोषण। 13।

अहं वैश्वानरो भूत्वा प्राणिनां देहमाश्रितः।
प्राणापानसमायुक्तः पचाम्यन्नं चतुर्विधम्॥१४॥

मैं ही बन करके वैश्वानर अग्नि
प्राणियों की देह में होता हूँ स्थित,
हो करके प्राण और अपान में समायुक्त
चर्तुविध अन्नों का करता हूँ पाचन। 14।

सर्वस्य चाहं हृदि सन्निविष्टो मत्तः स्मृतिर्ज्ञानमपोहनं च।
वेदैश्च सर्वैरहमेव वेद्यो वेदान्तकृद्वेदविदेव चाहम्॥१५॥

मैं ही हूँ सभी प्राणियों के हृदयों में स्थित
मुझी से आते हैं स्मृति, ज्ञान, और तर्कसंगता,
जानने के योग्य मैं ही हूँ सभी वेदों में
बनाया है मैंने ही वेदान्त और मैं ही हूँ वेदवेत्ता। 15।

द्वाविमौ पुरुषौ लोके क्षरश्चाक्षर एव च।
क्षरः सर्वाणि भूतानि कूटस्थोऽक्षर उच्यते ॥१६॥

नाशवान और अविनाशी,
हैं दो इस जग में पुरुष,
नाशवान हैं सभी जग के प्राणी,
अविनाशी है परिवर्तनरहित। 16।

उत्तमः पुरुषस्त्वन्यः परमात्मेत्युदाहृतः।
यो लोकत्रयमाविश्य बिभर्त्यव्यय ईश्वरः ॥१७॥

अन्य इन दोनों से है वह उत्तम पुरुष
परमात्मा जिसे कहते हैं लोग,
प्रविष्ट होकर तीनों लोकों में वह अविनाशी ईश्वर
करता है उनका भरण और पोषण। 17।

यस्मात्क्षरमतीतोऽहमक्षरादपि चोत्तमः।
अतोऽस्मि लोके वेदे च प्रथितः पुरुषोत्तमः ॥१८॥

अतीत हूँ मैं नाशवान से
अविनाशी ब्रह्म से भी हूँ मैं उत्तम,
इसलिये इस लोक में और वेदों में
कहलाता हूँ मैं पुरुषोत्तम। 18।

यो मामेवमसम्मूढो जानाति पुरुषोत्तमम्।
स सर्वविद्भजति मां सर्वभावेन भारत ॥१९॥

जानता है मुझ पुरुषोत्तम को
मोहमुक्त जो इस प्रकार से,
जानता है वह सभी कुछ, भारत,
भजता है मुझे जो पूर्ण भाव से। 19।

इति गुह्यतमं शास्त्रमिदमुक्तं मयानघ।
एतद्बुद्ध्वा बुद्धिमान्स्यात्कृतकृत्यश्च भारत ॥२०॥

सुनाया यह परम गोपनीय शास्त्र
निष्पाप अर्जुन मैंने अभी तुझे,
हो जाता है बुद्धिमान और कृतकृत्य
इस रहस्य को मानव जान करके। 20।

अध्याय 16
(दैवासुरसम्पद्विभाग योग)

श्रीभगवानुवाच —
अभयं सत्त्वसंशुद्धिर्ज्ञानयोगव्यवस्थितिः।
दानं दमश्च यज्ञश्च स्वाध्यायस्तप आर्जवम्॥१॥

निर्भीकता और मन की शुद्धि
ज्ञान योग में निरन्तर स्थिति,
दान, इन्द्रियदमन, और यज्ञ
स्वाध्याय, सरलता, और तप।1।

अहिंसा सत्यमक्रोधस्त्यागः शान्तिरपैशुनम्।
दया भूतेष्वलोलुप्त्वं मार्दवं ह्रीरचापलम्॥२॥

अहिंसा, सत्य, और क्रोध का अभाव
त्याग, शान्ति, नहीं दोष देने का चाव,
प्राणियों पर दया और लोलुपता का अभाव
सज्जनता, लज्जा, नहीं चपलता से लगाव।2।

तेजः क्षमा धृतिः शौचमद्रोहो नातिमानिता।
भवन्ति सम्पदं दैवीमभिजातस्य भारत॥३॥

तेज, क्षमा, धैर्य, और तन मन की स्वच्छता
द्रोह और अत्यधिक अभिमान से विमुखता,
लक्षण हैं ये सब उसके, पार्थ,
जन्मता है जो दैवी सम्पदाओं के साथ।3।

दम्भो दर्पोऽभिमानश्च क्रोधः पारुष्यमेव च।
अज्ञानं चाभिजातस्य पार्थ सम्पदमासुरीम् ॥४॥

कठोरता, दम्भ, दर्प, और क्रोध
साथ में ही अज्ञान और अभिमान,
लक्षण हैं ये सब उसके, पार्थ,
जन्मता है जो आसुरी सम्पदा के साथ।4।

दैवी सम्पद्विमोक्षाय निबन्धायासुरी मता।
मा शुचः सम्पदं दैवीमभिजातोऽसि पाण्डव ॥५॥

दैवी सम्पदा से मिलता है मोक्ष
आसुरी सम्पदा बाँधती है बन्धन में,
शोक न कर तू, हे कौन्तेय,
पैदा हुआ है तू दैवी सम्पदा में।5।

द्वौ भूतसर्गौ लोकेऽस्मिन्दैव आसुर एव च।
दैवो विस्तरशः प्रोक्त आसुरं पार्थ मे शृणु ॥६॥

दैवी और आसुरी इन दो प्रकृतियों वाले
जन्मते हैं इस संसार में जन,
कर चुका हूँ दैवी प्रकृति वालों का वर्णन विस्तार से
सुनो अब अर्जुन आसुरी प्रकृति वालों का वर्णन।6।

प्रवृत्तिं च निवृत्तिं च जना न विदुरासुराः।
न शौचं नापि चाचारो न सत्यं तेषु विद्यते ॥७॥

समझते नहीं हैं प्रवृत्ति या निवृत्ति
आसुरी प्रवृत्ति वाले इन्सान,
जानते नहीं हैं शौच और आचार
सत्य का भी है इनको नहीं ज्ञान।7।

असत्यमप्रतिष्ठं ते जगदाहुरनीश्वरम्।
अपरस्परसम्भूतं किमन्यत्कामहैतुकम्॥८॥

कहते हैं वे है यह संसार असत्य
सर्वथा निराधार और ईश्वर के बिना,
उत्पन्न नहीं यह कार्य कारण शृंखला से
कारण इसका है केवल कामवासना। 8।

एतां दृष्टिमवष्टभ्य नष्टात्मानोऽल्पबुद्धयः।
प्रभवन्त्युग्रकर्माणः क्षयाय जगतोऽहिताः॥९॥

अवलम्बन करके इस मिथ्या दृष्टि का
अल्प बुद्धि वाले ये आत्महीन इन्सान,
पैदा होते हैं ये विश्वद्रोही, उग्रकर्मी
करने को केवल जग का विनाश। 9।

काममाश्रित्य दुष्पूरं दम्भमानमदान्विताः।
मोहाद्गृहीत्वासद्ग्राहान्प्रवर्तन्तेऽशुचिव्रताः॥१०॥

दम्भ, मान, और मद से भरे ये लोग
असम्भव कामनाओं की पूर्ति में रत,
मोहवश झूठे सिद्धान्तों को मान
अपवित्र कार्यों में तुले रहते सतत। 10।

चिन्तामपरिमेयां च प्रलयान्तामुपाश्रिताः।
कामोपभोगपरमा एतावदिति निश्चिताः॥११॥

अपरिमित चिन्ता से ग्रस्त ये लोग
समाप्त होती है जो इनकी मृत्यु पर,
मान कर काम उपभोग को चरम लक्ष्य
निश्चय है इनका नहीं विश्व में कुछ। 11।

आशापाशशतैर्बद्धाः कामक्रोधपरायणाः।
ईहन्ते कामभोगार्थमन्यायेनार्थसञ्चयान् ॥१२॥

आशा के पाश में बँधे हुये ये
काम और क्रोध में हैं ये परायण,
काम भोग की इच्छा के वश
अनुचित विधियों से करते धन संचय। 12।

इदमद्य मया लब्धमिमं प्राप्स्ये मनोरथम्।
इदमस्तीदमपि मे भविष्यति पुनर्धनम् ॥१३॥

पाया है आज यह मैंने मनचाहा
प्राप्त करूँगा कल यह दूसरा मनोरथ,
यह धन मेरा है और फिर होगा
यह अन्य भी मेरा धन सत्वर। 13।

असौ मया हतः शत्रुर्हनिष्ये चापरानपि।
ईश्वरोऽहमहं भोगी सिद्धोऽहं बलवान्सुखी ॥१४॥

मारा है शत्रु आज यह मैंने
मारूँगा कल इस दूसरे को भी,
ईश्वर हूँ मैं इन सभी ऐश्वर्यों का भोगी
सिद्ध हूँ मैं बलवान और सुखी। 14।

आढ्योऽभिजनवानस्मि कोऽन्योऽस्ति सदृशो मया।
यक्ष्ये दास्यामि मोदिष्य इत्यज्ञानविमोहिताः ॥१५॥

धनाढ्य हूँ मैं उत्तम कुल में उत्पन्न
है कौन दूसरा समकक्ष मेरे,
मौज करूँगा, दान दूँगा, करूँगा यज्ञ
अज्ञानविमोहित वे सोचते हैं ऐसे। 15।

अनेकचित्तविभ्रान्ता मोहजालसमावृताः।
प्रसक्ताः कामभोगेषु पतन्ति नरकेऽशुचौ॥१६॥

अनेक कल्पनाओं से विभ्रान्त
फँसे हैं ये मोहजाल में नर,
तल्लीन हैं ये काम भोगों में
घनघोर नरक में गिरेंगे ये खल। 16।

आत्मसम्भाविताः स्तब्धा धनमानमदान्विताः।
यजन्ते नामयज्ञैस्ते दम्भेनाविधिपूर्वकम्॥१७॥

घमंडी और हठीले ये लोग
धन और मान के मद में चूर,
नाम के लिये केवल करते हैं यज्ञ
दम्भ के साथ वैदिक विधियों से दूर। 17।

अहङ्कारं बलं दर्पं कामं क्रोधं च संश्रिताः।
मामात्मपरदेहेषु प्रद्विषन्तोऽभ्यसूयकाः॥१८॥

अहंकार, बल, और दर्प से भरपूर
काम और क्रोध से रखते ये लेस,
अपने और दूसरों की देहों में स्थित
मुझ अन्तर्यामी से रखते ईर्ष्या और द्वेष। 18।

तानहं द्विषतः क्रूरान्संसारेषु नराधमान्।
क्षिपाम्यजस्रमशुभानासुरीष्वेव योनिषु॥१९॥

मैं इन द्वेषपूर्ण क्रूर
नराधमों को संसार में,
गिराता हूँ बार बार
अशुभ आसुरी योनियों में। 19।

आसुरीं योनिमापन्ना मूढा जन्मनि जन्मनि।
मामप्राप्यैव कौन्तेय ततो यान्त्यधमां गतिम्॥२०॥

आसुरी योनियों में होके उत्पन्न
मूढ़ ये जन्म जन्मान्तर में,
पाते नहीं हैं ये मुझे कौन्तेय,
प्राप्त करते हैं अधम गति को। 20।

त्रिविधं नरकस्येदं द्वारं नाशनमात्मनः।
कामः क्रोधस्तथा लोभस्तस्मादेतत्त्रयं त्यजेत्॥२१॥

काम, क्रोध, और लोभ
हैं ये तीन नरक के द्वार,
आत्मा के नाशक हैं ये
अतयेव हैं सर्वथा त्याज्य। 21।

एतैर्विमुक्तः कौन्तेय तमोद्वारैस्त्रिभिर्नरः।
आचरत्यात्मनः श्रेयस्ततो याति परां गतिम्॥२२॥

विमुक्त है जो कौन्तेय,
तामस के इन तीनों द्वारों से,
श्रेयस्कर है उसका आचरण आत्मा के लिये
जाता है वह परम गति को। 22।

यः शास्त्रविधिमुत्सृज्य वर्तते कामकारतः।
न स सिद्धिमवाप्नोति न सुखं न परां गतिम्॥२३॥

शास्त्रविधियों का जो करके उल्लंघन
करता है मनमाने कार्य,
सिद्धि को नहीं वह करता है प्राप्त
नहीं पाता है वह सुख या परम गति। 23।

तस्माच्छास्त्रं प्रमाणं ते कार्याकार्यव्यवस्थितौ।
ज्ञात्वा शास्त्रविधानोक्तं कर्म कर्तुमिहार्हसि ॥२४ ॥

करने और न करने योग्य कार्यों में
मानननीय है शास्त्र का प्रमाण,
कर्म करना चाहिये इस जग में, पाण्डव,
जान करके शास्त्रों का विधान। 24।

अध्याय 17
(श्रद्धात्रयविभाग योग)

अर्जुन उवाच —
ये शास्त्रविधिमुत्सृज्य यजन्ते श्रद्धयान्विताः।
तेषां निष्ठा तु का कृष्ण सत्त्वमाहो रजस्तमः ॥१॥

त्याग करके जो शास्त्रविधि को
यज्ञ करते हैं श्रद्धा के साथ,
होती है कृष्ण उनकी क्या स्थिति
सात्विक, राजस, या तामस।1।

श्रीभगवानुवाच —
त्रिविधा भवति श्रद्धा देहिनां सा स्वभावजा।
सात्त्विकी राजसी चैव तामसी चेति तां शृणु ॥२॥

देहधारियों में होती है श्रद्धा
तीन प्रकार की स्वभावजनित,
सात्विकी, राजसी, या तामसी
करूँगा मैं जिनको अब वर्णित।2।

सत्त्वानुरूपा सर्वस्य श्रद्धा भवति भारत।
श्रद्धामयोऽयं पुरुषो यो यच्छ्रद्धः स एव सः ॥३॥

स्वभाव के अनुरूप ही होती है
सभी की श्रद्धा, पार्थ,
श्रद्धा से बना यह पुरुष
श्रद्धानुकूल ही वह बन जाता है, तात।3।

यजन्ते सात्त्विका देवान्यक्षरक्षांसि राजसाः।
प्रेतान्भूतगणांश्चान्ये यजन्ते तामसा जनाः॥४॥

सात्विक करते हैं देवों की पूजा
राक्षसों और यक्षों को पूजते हैं राजसिक,
प्रेत और भूतगणों की पूजा
करते हैं अर्जुन, पुरुष जो तामसिक।4।

अशास्त्रविहितं घोरं तप्यन्ते ये तपो जनाः।
दम्भाहङ्कारसंयुक्ताः कामरागबलान्विताः॥५॥

अशास्त्रविहित घोर तप
करते हैं जो क्रूर मनुज,
भरे वे दम्भ और अहंकार से
काम, राग, और बल से हैं वे संयुत।5।

कर्शयन्तः शरीरस्थं भूतग्राममचेतसः।
मां चैवान्तः शरीरस्थं तान्विद्ध्यासुरनिश्चयान्॥६॥

कष्ट पहुँचाते हैं शरीर में स्थित
पंच भूतों को अपनी नासमझी से,
शरीर में स्थित मुझ अन्तर्यामी को भी
कष्ट देते हैं अपने आसुरी निश्चय से।6।

आहारस्त्वपि सर्वस्य त्रिविधो भवति प्रियः।
यज्ञस्तपस्तथा दानं तेषां भेदमिमं शृणु॥७॥

प्रकृति भेद से होते हैं प्रिय
तीन प्रकार के आहार लोगों को,
ऐसे ही त्रिविध दान, तप, और यज्ञ
सुनाता हूँ जिनका भेद अब तुमको।7।

आयुः सत्त्वबलारोग्यसुखप्रीतिविवर्धनाः।
रस्याः स्निग्धाः स्थिरा हृद्या आहाराः सात्त्विकप्रियाः ॥८॥

वृद्धि होती है जिनसे आयु, सत्व, बल
आरोग्य, सुख, और प्रीति की,
आहार प्रिय हैं सात्विक को रसयुक्त
स्निग्ध, स्थिर करते जो हृदय को सुखी। 8।

कट्वम्ललवणात्युष्णतीक्ष्णरूक्षविदाहिनः।
आहारा राजसस्येष्टा दुःखशोकामयप्रदाः ॥९॥

कड़वे, खट्टे, नमकीन, और गरम
तीखे, सूखे, हृदय को जलाने वाले,
आहार ये प्रिय हैं राजसिक को
दुःख, शोक, और रोग लाने वाले। 9।

यातयामं गतरसं पूति पर्युषितं च यत्।
उच्छिष्टमपि चामेध्यं भोजनं तामसप्रियम् ॥१०॥

बासी, बिगड़ा, सड़ता हुआ
जूठा और दुर्गन्ध वाला,
प्रिय है तामसिक को
भोजन ऐसा गन्दगी वाला। 10।

अफलाकाङ्क्षिभिर्यज्ञो विधिदृष्टो य इज्यते।
यष्टव्यमेवेति मनः समाधाय स सात्त्विकः ॥११॥

यज्ञ किया जाता है जो वेदविधि से
फल की आकांक्षा के बिना,
सात्विक यज्ञ वह जिसकी
प्रेरक है केवल कर्तव्य की भावना। 11।

अभिसंधाय तु फलं दम्भार्थमपि चैव यत्।
इज्यते भरतश्रेष्ठ तं यज्ञं विद्धि राजसम्॥१२॥

यज्ञ किया जाता है जो फल की इच्छा से
दम्भ और स्वार्थपरायणता के साथ,
राजसिक कहलाता है वह यज्ञ
इस सत्य को जानो तुम, पार्थ। 12।

विधिहीनमसृष्टान्नं मन्त्रहीनमदक्षिणम्।
श्रद्धाविरहितं यज्ञं तामसं परिचक्षते॥१३॥

वेदविधिहीन अन्नदानरहित
बिना वेद मंत्रों के दक्षिणारहित,
यज्ञ किया जाता है जो अश्रद्धा के साथ
कहलाता है वह तामसिक, पार्थ। 13।

देवद्विजगुरुप्राज्ञपूजनं शौचमार्जवम्।
ब्रह्मचर्यमहिंसा च शारीरं तप उच्यते॥१४॥

देव, द्विज, और ज्ञानियों का पूजन
पवित्रता, और मन का सरलपन,
ब्रह्मचर्य, और अहिंसा का पालन
तप हैं ये सब शरीर के, अर्जुन। 14।

अनुद्वेगकरं वाक्यं सत्यं प्रियहितं च यत्।
स्वाध्यायाभ्यसनं चैव वाङ्मयं तप उच्यते॥१५॥

बोलना वाक्य अनुद्वेगकारी
सत्य, प्रिय, और सर्वथा हितकारी,
और शास्त्रों के स्वाध्याय का अभ्यास
कहलाता है यह वाणी का तापस। 15।

मनःप्रसादः सौम्यत्वं मौनमात्मविनिग्रहः।
भावसंशुद्धिरित्येतत्तपो मानसमुच्यते ॥१६ ॥

मन की प्रशान्तता, सौम्यता
मौन और आत्मनियंत्रण,
तथा अंतःकरण की स्वच्छता
कहलाते हैं ये मानस के तप। 16।

श्रद्धया परया तप्तं तपस्तत्त्रिविधं नरैः।
अफलाकाङ्क्षिभिर्युक्तैः सात्त्विकं परिचक्षते ॥१७ ॥

परम श्रद्धा और निष्पाप मन से
त्रिविध तप जब ये करते हैं योगीजन,
सात्विक तप इसको
तब कहते हैं सज्जन। 17।

सत्कारमानपूजार्थं तपो दम्भेन चैव यत्।
क्रियते तदिह प्रोक्तं राजसं चलमध्रुवम् ॥१८ ॥

सत्कार, मान, और पूजा के अर्थ
दम्भ के साथ किया जाता है जो तप,
कहते हैं उसको राजसिक लोग
होता है वह अस्थायी, अस्थिर। 18।

मूढग्राहेणात्मनो यत्पीडया क्रियते तपः।
परस्योत्सादनार्थं वा तत्तामसमुदाहृतम् ॥१९ ॥

किया जाता है जो मूर्खतापूर्ण हठ से
देते हुये अपने आप को दुःख,
अनिष्ट करने के लिये दूसरों का
कहलाता है वह तामसिक तप। 19।

दातव्यमिति यद्दानं दीयतेऽनुपकारिणे।
देशे काले च पात्रे च तद्दानं सात्त्विकं स्मृतम्॥२०॥

दिया जाता है जो कर्त्तव्य की भावना से
नहीं किया जिसने कोई पूर्व उपकार उसको,
उचित पात्र को, उचित काल और देश में
सात्विक दान जन कहते हैं उसको।20।

यत्तु प्रत्युपकारार्थं फलमुद्दिश्य वा पुनः।
दीयते च परिक्लिष्टं तद्दानं राजसं स्मृतम्॥२१॥

दिया जाता है जो प्रत्युपकार की आशा से
उद्देश्य जिसका है फल की प्राप्ति,
या दिया जाता है जो क्लेश के साथ
दान वह कहलाता है राजसिक।21।

अदेशकाले यद्दानमपात्रेभ्यश्च दीयते।
असत्कृतमवज्ञातं तत्तामसमुदाहृतम्॥२२॥

गलत समय और गलत स्थान में
कुपात्र को जो दिया जाता है दान,
सत्कार के बिना और तिरस्कार के साथ
मानो उस दान को तामसिक, पार्थ।22।

ॐ तत्सदिति निर्देशो ब्रह्मणस्त्रिविधः स्मृतः।
ब्राह्मणास्तेन वेदाश्च यज्ञाश्च विहिताः पुरा॥२३॥

बखानते हैं जिस ब्रह्म को
ओम् तत् सत् से,
बनाये उसी ने ब्राह्मण, वेद, और यज्ञ
पुरातन काल में।23।

तस्मादोमित्युदाहृत्य यज्ञदानतपःक्रियाः।
प्रवर्तन्ते विधानोक्ताः सततं ब्रह्मवादिनाम् ॥२४॥

प्रारम्भ करते हैं, इसी लिये, ओम् के उच्चारण से
सभी ज्ञान, यज्ञ, और तप की क्रियायें,
हैं जो सतत ब्रह्मवादी जन
बताया गया है जैसे वैदिक विधान में। 24।

तदित्यनभिसन्धाय फलं यज्ञतपःक्रियाः।
दानक्रियाश्च विविधाः क्रियन्ते मोक्षकाङ्क्षिभिः ॥२५॥

करते हैं बड़ी तपश्चर्या और यज्ञ
तत् के साथ बिना फल के लक्ष्य के,
विविध प्रकार के दान के कार्य भी
करते हैं इच्छुक जो मोक्ष के। 25।

सद्भावे साधुभावे च सदित्येतत्प्रयुज्यते।
प्रशस्ते कर्मणि तथा सच्छब्दः पार्थ युज्यते ॥२६॥

सद्भाव और साधुभाव के लिये
लोग करते हैं 'सत्' शब्द का प्रयोग,
प्रशंसायोग्य कर्मों को भी, पार्थ,
'सत्' कहते हैं लोग। 26।

यज्ञे तपसि दाने च स्थितिः सदिति चोच्यते।
कर्म चैव तदर्थीयं सदित्येवाभिधीयते ॥२७॥

यज्ञ, तप, और दान में जो मन की स्थिति
सत् उसको कहते हैं जन,
किये जाते हैं जो इन क्रियाओं के हेतु
सत् वे भी कहलाते हैं कर्म। 27।

अश्रद्धया हुतं दत्तं तपस्तप्तं कृतं च यत्।
असदित्युच्यते पार्थ न च तत्प्रेत्य नो इह ॥२८॥

किये जाते हैं जो बिना श्रद्धा के
दान, तप, और यज्ञ,
उस लोक या इस लोक में भी
हितकर नहीं हैं ये असत् कर्म।28।

निश्चयं शृणु मे तत्र त्यागे भरतसत्तम।
त्यागो हि पुरुषव्याघ्र त्रिविधः सम्प्रकीर्तितः ॥४॥

सुनो इस त्याग के बारे में
मेरा निश्चय तुम भरतों में श्रेष्ठ,
होता है यह भी तीन प्रकार का
ऐसा जानो नरश्रेष्ठ।4।

यज्ञदानतपःकर्म न त्याज्यं कार्यमेव तत्।
यज्ञो दानं तपश्चैव पावनानि मनीषिणाम् ॥५॥

त्याज्य नहीं हैं तप, दान, और यज्ञ
करने के योग्य हैं यह सभी कर्म,
पावन करते हैं मनीषियों के अन्तर को
तप, दान, और यज्ञ जैसे कर्म।5।

एतान्यपि तु कर्माणि सङ्गं त्यक्त्वा फलानि च।
कर्तव्यानीति मे पार्थ निश्चितं मतमुत्तमम् ॥६॥

कर्तव्य हैं ये सभी कर्म
त्याग करके फलों में आसक्ति,
जानो तुम यह पार्थ, निश्चित
मेरा मत अति उत्तम।6।

नियतस्य तु संन्यासः कर्मणो नोपपद्यते।
मोहात्तस्य परित्यागस्तामसः परिकीर्तितः ॥७॥

उचित नहीं है शास्त्रनियत
कर्मों से संन्यास,
तामसिक कहलाता है
यह मोहजनित परित्याग।7।

दुःखमित्येव यत्कर्म कायक्लेशभयात्त्यजेत्।
स कृत्वा राजसं त्यागं नैव त्यागफलं लभेत्॥८॥

त्यागता है पुरुष जो कर्म
दुःखों या शारीरिक कष्ट के कारण,
राजसिक है वह उसका त्याग
नहीं पाता उससे कर्मफल त्याग का लाभ।8।

कार्यमित्येव यत्कर्म नियतं क्रियतेऽर्जुन।
सङ्गं त्यक्त्वा फलं चैव स त्यागः सात्त्विको मतः॥९॥

किया जाता है जब शास्त्रनियत कर्म
कर्तव्य की भावना से,
छोड़ करके फल में आसक्ति
सात्विक कहते हैं, बुध जन उसे।9।

न द्वेष्ट्यकुशलं कर्म कुशले नानुषज्जते।
त्यागी सत्त्वसमाविष्टो मेधावी छिन्नसंशयः॥१०॥

द्वेष नहीं करता जो अकुशल कर्म से
कुशल कर्म में नहीं होता आसक्त,
त्यागी वह सत्व गुण से समाविष्ट
मेधावी, उसके मिट गये हैं संशय।10।

न हि देहभृता शक्यं त्यक्तुं कर्माण्यशेषतः।
यस्तु कर्मफलत्यागी स त्यागीत्यभिधीयते॥११॥

सम्भव नहीं है देहधारियों के लिये
करना पूर्णतया कर्मों का त्याग,
अतयेव जो कर्मफलों का त्यागी
त्यागी वही कहलाता है, पार्थ।11।

अनिष्टमिष्टं मिश्रं च त्रिविधं कर्मणः फलम्।
भवत्यत्यागिनां प्रेत्य न तु संन्यासिनां क्वचित्॥१२॥

अनिष्ट, इष्ट और मिश्रित
होते हैं ये त्रिविध कर्मों के फल,
मिलते हैं जो अत्यागियों को मृत्यु पर
नहीं कोई किन्तु संन्यासी के कर्मों का फल। 12।

पञ्चैतानि महाबाहो कारणानि निबोध मे।
साङ्ख्ये कृतान्ते प्रोक्तानि सिद्धये सर्वकर्मणाम्॥१३॥

पाँच प्रकार के हेतु, महाबाहु,
कहे गये हैं सांख्य सिद्धान्त में,
सिद्ध करने के लिये सभी कर्मों को
जान तू उनको भली प्रकार से मुझसे। 13।

अधिष्ठानं तथा कर्ता करणं च पृथग्विधम्।
विविधाश्च पृथक्चेष्टा दैवं चैवात्र पञ्चमम्॥१४॥

शरीर, कर्ता, और
उपकरण पृथक, पृथक,
विविध चेष्टायें और
नियति ये पंच। 14।

शरीरवाङ्मनोभिर्यत्कर्म प्रारभते नरः।
न्याय्यं वा विपरीतं वा पञ्चैते तस्य हेतवः॥१५॥

कर्म जो भी शास्त्र के अनुकूल या विरुद्ध
करता है नर मन, वाणी, या शरीर के द्वारा,
सम्भव होता है वह
इन पाँच कारणों के द्वारा। 15।

तत्रैवं सति कर्तारमात्मानं केवलं तु यः।
पश्यत्यकृतबुद्धित्वान्न स पश्यति दुर्मतिः ॥१६॥

ऐसा होने पर भी मानता है
जो केवल स्वयं को कर्ता,
अपरिपक्व है उसकी बुद्धि
दुर्मति वह सत्य नहीं देखता। 16।

यस्य नाहङ्कृतो भावो बुद्धिर्यस्य न लिप्यते।
हत्वापि स इमाँल्लोकान्न हन्ति न निबध्यते ॥१७॥

नहीं है जिसमें अहंकार का भाव
लिप्त नहीं है जिसकी बुद्धि संसार में,
मारता नहीं है वह मार कर भी इन लोकों को
बँधता नहीं है वह कर्मों के बन्धन में। 17।

ज्ञानं ज्ञेयं परिज्ञाता त्रिविधा कर्मचोदना।
करणं कर्म कर्तेति त्रिविधः कर्मसंग्रहः ॥१८॥

ज्ञाता, ज्ञेय, और ज्ञान ये तीन
प्रेरित करते हैं सारे कर्मों को,
कर्मसंग्रह कहते हैं लोग
कर्ता, कर्म, और उपकरण के संयोग को। 18।

ज्ञानं कर्म च कर्ता च त्रिधैव गुणभेदतः।
प्रोच्यते गुणसङ्ख्याने यथावच्छृणु तान्यपि ॥१९॥

होते हैं तीन प्रकार के गुणभेद से
ज्ञान, कर्म, और कर्ता भी,
गुणों के शास्त्र में इन्हें
बताया है जैसे, सुनो तुम वह भी। 19।

सर्वभूतेषु येनैकं भावमव्ययमीक्षते।
अविभक्तं विभक्तेषु तज्ज्ञानं विद्धि सात्त्विकम्॥२०॥

दिखाई देता है जिस ज्ञान से
सभी प्राणियों में वही परमात्मा अव्यय,
वही अविभक्त जिससे दिखता है विभक्तों में
जानो उस ज्ञान को सात्विक, धनंजय।20।

पृथक्त्वेन तु यज्ज्ञानं नानाभावान्पृथग्विधान्।
वेत्ति सर्वेषु भूतेषु तज्ज्ञानं विद्धि राजसम्॥२१॥

दिखता है जिस ज्ञान से
सभी प्राणियों का अस्तित्व पृथक् पृथक्,
उस ज्ञान को जन
कहते हैं राजसिक।21।

यत्तु कृत्स्नवदेकस्मिन्कार्ये सक्तमहैतुकम्।
अतत्त्वार्थवदल्पं च तत्तामसमुदाहृतम्॥२२॥

ज्ञान जो एक ही कार्य को समझ सब कुछ
आसक्त है बिना कारण के उस पर ही,
छुद्र है वह नहीं जानता तत्वार्थ को
ज्ञान वह तामसिक है निश्चित ही।22।

नियतं सङ्गरहितमरागद्वेषतः कृतम्।
अफलप्रेप्सुना कर्म यत्तत्सात्त्विकमुच्यते॥२३॥

रहित राग, द्वेष, और आसक्ति से
किया जाता है जो धर्मनियत कर्म,
बिना फलप्राप्ति की इच्छा से
सात्विक कहलाता है वह कर्म।23।

यत्तु कामेप्सुना कर्म साहङ्कारेण वा पुनः।
क्रियते बहुलायासं तद्राजसमुदाहृतम्॥२४॥

कर्म किया जाता है जो
इच्छापूर्ति के लिये अहंकार के साथ,
राजसिक कहते हैं उसे
किया जाता है जो अति श्रम के साथ। 24।

अनुबन्धं क्षयं हिंसामनवेक्ष्य च पौरुषम्।
मोहादारभ्यते कर्म यत्तत्तामसमुच्यते॥२५॥

ध्यान दिये बिना परिणाम पर
हानि, परहिंसा या अपनी सामर्थ्य पर,
आरम्भ किया जाता है कर्म जो मोह के कारण
कहलाता है कर्म वह तामस। 25।

मुक्तसङ्गोऽनहंवादी धृत्युत्साहसमन्वितः।
सिद्ध्यसिद्ध्योर्निर्विकारः कर्ता सात्त्विक उच्यते॥२६॥

निरहंकारी, आसक्ति से मुक्त
उत्साह और धैर्य से है जो समन्वित,
सिद्धि और असिद्धि में है जो निरपेक्ष
कहलाता है वह कर्ता सात्विक। 26।

रागी कर्मफलप्रेप्सुर्लुब्धो हिंसात्मकोऽशुचिः।
हर्षशोकान्वितः कर्ता राजसः परिकीर्तितः॥२७॥

आसक्ति से युक्त, कर्मफल का इच्छुक
लोभी, हिंसात्मक, और अपवित्र,
लिप्त है जो हर्ष और शोक में
कहलाता है वह कर्ता राजसिक। 27।

अयुक्तः प्राकृतः स्तब्धः शठो नैकृतिकोऽलसः।
विषादी दीर्घसूत्री च कर्ता तामस उच्यते॥२८॥

उच्छृंखल, असंस्कृत, हठधर्मी
दुष्ट जो बेईमान और आलसी,
विषादयुक्त, करता हर काम को स्थगित
कहलाता है ऐसा कर्ता तामसिक। 28।

बुद्धेर्भेदं धृतेश्चैव गुणतस्त्रिविधं शृणु।
प्रोच्यमानमशेषेण पृथक्त्वेन धनञ्जय॥२९॥

बुद्धि और धारणशक्ति के भेद
तीन प्रकार के गुणों के कारण,
सुन इसे पूर्णतया पृथक् पृथक्
बताया गया जैसे मेरे द्वारा, धनंजय। 29।

प्रवृत्तिं च निवृत्तिं च कार्याकार्ये भयाभये।
बन्धं मोक्षं च या वेत्ति बुद्धिः सा पार्थ सात्त्विकी॥३०॥

भय और अभय में, कार्य और अकार्य में
करनी चाहिये कब प्रवृत्ति या निवृत्ति,
जानती है जो बन्धन और मोक्ष को
सात्विकी कहलाती है, पार्थ, वह बुद्धि। 30।

यया धर्ममधर्मं च कार्यं चाकार्यमेव च।
अयथावत्प्रजानाति बुद्धिः सा पार्थ राजसी॥३१॥

जिस बुद्धि से धर्म और अधर्म
तथा कार्य और अकार्य,
नहीं जाने जाते हैं यथार्थ में
बुद्धि वह राजसी कहलाती है, पार्थ। 31।

अधर्मं धर्ममिति या मन्यते तमसावृता।
सर्वार्थान्विपरीतांश्च बुद्धिः सा पार्थ तामसी ॥३२॥

मानती है जो अधर्म को धर्म
आवृत्त है तम से जो बुद्धि,
सभी अर्थों के है जो विपरीत
तामसी कहलाती है, पार्थ, वह बुद्धि। 32।

धृत्या यया धारयते मनःप्राणेन्द्रियक्रियाः।
योगेनाव्यभिचारिण्या धृतिः सा पार्थ सात्त्विकी ॥३३॥

मन, प्राण, और इन्द्रियों की
क्रियाओं का जो करती है धारण,
होती नहीं जो योगपथ से विचलित
कहलाती है वह धारणशक्ति सात्विक। 33।

यया तु धर्मकामार्थान्धृत्या धारयतेऽर्जुन।
प्रसङ्गेन फलाकाङ्क्षी धृतिः सा पार्थ राजसी ॥३४॥

धर्म, काम, और अर्थ का
धारण करती है जो शक्ति,
त्यागे बिना आसक्ति और फल की इच्छा
कहलाती है वह राजसी धारणशक्ति। 34।

यया स्वप्नं भयं शोकं विषादं मदमेव च।
न विमुञ्चति दुर्मेधा धृतिः सा पार्थ तामसी ॥३५॥

जिसके द्वारा स्वप्न, भय
मद, शोक, और विषाद,
नहीं छोड़ते दुर्बुद्धि मानव को
तामसी है धारणशक्ति वह, पार्थ। 35।

सुखं त्विदानीं त्रिविधं शृणु मे भरतर्षभ।
अभ्यासाद्रमते यत्र दुःखान्तं च निगच्छति॥३६॥

सुनो अब त्रिविध सुखों का
भरतश्रेष्ठ, मुझसे वर्णन,
अभ्यास से रमण करता है जिनमें
साधक, होता है उसके दुःखों का शमन। 36।

यत्तदग्रे विषमिव परिणामेऽमृतोपमम्।
तत्सुखं सात्त्विकं प्रोक्तमात्मबुद्धिप्रसादजम्॥३७॥

प्रारम्भ में जो लगता है विष सा
परिणाम में है किन्तु जैसे अमृत,
कहते हैं उस सुख को सात्विक
आत्मसुख के प्रसाद से जो उत्पन्न। 37।

विषयेन्द्रियसंयोगाद्यत्तदग्रेऽमृतोपमम्।
परिणामे विषमिव तत्सुखं राजसं स्मृतम्॥३८॥

विषयों और इन्द्रियों के संयोग से जनित
अमृत सा लगता है प्रारम्भ में जो सुख,
परिणाम में जो किन्तु होता है विष सा
कहलाता है वह राजसिक सुख। 38।

यदग्रे चानुबन्धे च सुखं मोहनमात्मनः।
निद्रालस्यप्रमादोत्थं तत्तामसमुदाहृतम्॥३९॥

प्रारम्भ में और परिणाम में भी
सुख जो करता है आत्मा को मोहित,
निद्रा, आलस्य, और प्रमाद से उत्पन्न
कहलाता है वह सुख तामसिक। 39।

न तदस्ति पृथिव्यां वा दिवि देवेषु वा पुनः।
सत्त्वं प्रकृतिजैर्मुक्तं यदेभिः स्यात्त्रिभिर्गुणैः ॥४०॥

न इस पृथ्वी पर, न देवों के स्वर्ग में
है कोई प्राणी ऐसा,
पा ली हो जिसने
प्रकृतिजन्य तीन गुणों से स्वतंत्रता। 40।

ब्राह्मणक्षत्रियविशां शूद्राणां च परन्तप।
कर्माणि प्रविभक्तानि स्वभावप्रभवैर्गुणैः ॥४१॥

ब्राह्मणों, क्षत्रियों, वैश्यों और
शूद्रों के कर्म, परन्तप,
उनके स्वभावजनित गुणों के अनुसार
किये गये हैं विभक्त। 41।

शमो दमस्तपः शौचं क्षान्तिरार्जवमेव च।
ज्ञानं विज्ञानमास्तिक्यं ब्रह्मकर्म स्वभावजम् ॥४२॥

शमन, दमन, तप, और शौच
धैर्य और मन की सरलता,
हैं ये ब्राह्मण के स्वभावजनित कर्म
ज्ञान, विज्ञान, और आस्तिकता। 42।

शौर्यं तेजो धृतिर्दाक्ष्यं युद्धे चाप्यपलायनम्।
दानमीश्वरभावश्च क्षात्रं कर्म स्वभावजम् ॥४३॥

शौर्य, तेज, धारणशक्ति, कार्यों में कौशल
और युद्ध से नहीं भागने की आदत,
दानवीरता तथा स्वामीपन की प्रवृत्ति
कर्म हैं ये सभी क्षत्रिय के स्वाभाविक। 43।

कृषिगौरक्ष्यवाणिज्यं वैश्यकर्म स्वभावजम्।
परिचर्यात्मकं कर्म शूद्रस्यापि स्वभावजम्॥४४॥

कृषि, गोरक्षा, और वाणिज्य
कर्म स्वाभाविक ये वैश्य के लिये,
परिचर्यात्मक कर्म जो सारे
स्वाभाविक हैं वे शूद्र के लिये। 44।

स्वे स्वे कर्मण्यभिरतः संसिद्धिं लभते नरः।
स्वकर्मनिरतः सिद्धिं यथा विन्दति तच्छृणु॥४५॥

लगे रह कर अपने अपने कर्मों में
पाते हैं परम सिद्धि मानव,
बताऊँगा तुम्हें अब, अर्जुन,
होता है कैसे यह सम्भव। 45।

यतः प्रवृत्तिर्भूतानां येन सर्वमिदं ततम्।
स्वकर्मणा तमभ्यर्च्य सिद्धिं विन्दति मानवः॥४६॥

आती है जिससे सभी प्राणियों की प्रवृत्ति
है जिससे जग सारा व्याप्त,
स्वकर्म से कर उस परम का अर्चन
सिद्धि मानव करता है प्राप्त। 46।

श्रेयान्स्वधर्मो विगुणः परधर्मात्स्वनुष्ठितात्।
स्वभावनियतं कर्म कुर्वन्नाप्नोति किल्बिषम्॥४७॥

भली प्रकार किये परधर्म की तुलना में
श्रेय है करना स्वधर्म गुणरहित,
नहीं पड़ता है, पाप में, अर्जुन
करते हुये नर कर्म स्वभावजनित। 47।

सहजं कर्म कौन्तेय सदोषमपि न त्यजेत्।
सर्वारम्भा हि दोषेण धूमेनाग्निरिवावृताः ॥४८॥

त्यागना नहीं चाहिये सहज कर्म को, कौन्तेय
भरा हुआ हो यद्यपि वह दोष से,
दोषपूर्ण हैं क्योंकि सभी कार्य
आवृत्त है अग्नि ज्यों धुयें से। 48।

असक्तबुद्धिः सर्वत्र जितात्मा विगतस्पृहः।
नैष्कर्म्यसिद्धिं परमां संन्यासेनाधिगच्छति ॥४९॥

आसक्त नहीं है कहीं भी जिसकी बुद्धि
आत्मविजयी जो सर्वथा निस्पृह,
प्राप्त करता है संन्यास के द्वारा
नैष्कर्म्य परम सिद्धि वह। 49।

सिद्धिं प्राप्तो यथा ब्रह्म तथाप्नोति निबोध मे।
समासेनैव कौन्तेय निष्ठा ज्ञानस्य या परा ॥५०॥

प्राप्त कर चुका है सिद्धि को जो
प्राप्त करता है कैसे वह ब्रह्म को,
सुनो संक्षिप्त में मुझसे, कौन्तेय,
पराकाष्ठा है ज्ञान की जो। 50।

बुद्ध्या विशुद्धया युक्तो धृत्यात्मानं नियम्य च।
शब्दादीन्विषयांस्त्यक्त्वा रागद्वेषौ व्युदस्य च ॥५१॥

युक्त है जो विशुद्ध बुद्धि से
आत्मसंयम करता है दृढ़ता से,
शब्दादि इन्द्रियों के विषयों का करके त्याग
छोड़ करके सभी द्वेष और राग। 51।

विविक्तसेवी लघ्वाशी यतवाक्कायमानसः।
ध्यानयोगपरो नित्यं वैराग्यं समुपाश्रितः॥५२॥

एकान्तवासी जो मिताहारी
संयम करते हुये वाणी और मन का,
रत है जो सतत ध्यान योग में
आश्रय लेते हुये वैराग्य का। 52।

अहङ्कारं बलं दर्पं कामं क्रोधं परिग्रहम्।
विमुच्य निर्ममः शान्तो ब्रह्मभूयाय कल्पते॥५३॥

अहंकार, बल, तथा घमंड
काम, क्रोध और संचय वस्तुओं का,
त्याग इन सब को निःस्वार्थ, शान्त
योग्य है वह ब्रह्म में एकीभाव का। 53।

ब्रह्मभूतः प्रसन्नात्मा न शोचति न काङ्क्षति।
समः सर्वेषु भूतेषु मद्भक्तिं लभते पराम्॥५४॥

ब्रह्मरूप होकर वह प्रसन्न आत्मा
करता नहीं है शोक या आकांक्षा,
देखते हुये समरूप से सभी प्राणियों को
प्राप्त होता है वह मेरी परा भक्ति को। 54।

भक्त्या मामभिजानाति यावान्यश्चास्मि तत्त्वतः।
ततो मां तत्त्वतो ज्ञात्वा विशते तदनन्तरम्॥५५॥

भक्ति के द्वारा जानता है मुझे
मेरी महिमा और तत्व को,
प्रविष्ट होता है तुरन्त ही मुझमें
जान कर के फिर तत्वतः मुझको। 55।

सर्वकर्माण्यपि सदा कुर्वाणो मद्व्यपाश्रयः।
मत्प्रसादादवाप्नोति शाश्वतं पदमव्ययम् ॥५६॥

करते हुये सभी कार्यों को
सदा, मेरे आश्रय में आकर,
पाता है वह मेरी कृपा से
शाश्वत, अविनाशी पद। 56।

चेतसा सर्वकर्माणि मयि संन्यस्य मत्परः।
बुद्धियोगमुपाश्रित्य मच्चित्तः सततं भव ॥५७॥

मन से करके सभी कर्मों का अर्पण
मेरे में हो मुझ पर तत्पर,
आश्रय ले करके बुद्धि योग का
रखते हुये मुझे चित्त में निरन्तर। 57।

मच्चित्तः सर्वदुर्गाणि मत्प्रसादात्तरिष्यसि।
अथ चेत्त्वमहङ्कारान्न श्रोष्यसि विनङ्क्ष्यसि ॥५८॥

चित्त में रख कर मुझे, तू करेगा
सभी कठिनाइयों को मेरी कृपा से पार,
किन्तु नहीं सुनेगा यदि वचन तू मेरा
नाश कर देगा तुझे तेरा अहंकार। 58।

यदहङ्कारमाश्रित्य न योत्स्य इति मन्यसे।
मिथ्यैष व्यवसायस्ते प्रकृतिस्त्वां नियोक्ष्यति ॥५९॥

ले करके अहंकार का आश्रय
सोचता है तू नहीं करेगा युद्ध,
मिथ्या है किन्तु तेरा यह निश्चय
स्वप्रकृति से प्रेरित तू करेगा युद्ध। 59।

स्वभावजेन कौन्तेय निबद्धः स्वेन कर्मणा।
कर्तुं नेच्छसि यन्मोहात्करिष्यस्यवशोऽपि तत्॥६०॥

करना नहीं चाहते हो जो तुम मोहवश
करोगे, कौन्तेय, तुम उसे होकर विवश,
बँधे हुये अपने कर्मबन्धनों से
होकर अपने स्वभाव के वश।60।

ईश्वरः सर्वभूतानां हृद्देशेऽर्जुन तिष्ठति।
भ्रामयन्सर्वभूतानि यन्त्रारूढानि मायया॥६१॥

क्योंकि है जो सभी प्राणियों का ईश्वर
स्थित है जो उनके हृदयों में,
यन्त्रारूढ़ पुतलियों की तरह
घुमाता है उन्हें वह अपनी माया से।61।

तमेव शरणं गच्छ सर्वभावेन भारत।
तत्प्रसादात्परां शान्तिं स्थानं प्राप्स्यसि शाश्वतम्॥६२॥

जाओ उसी की शरण में, भारत,
अपनी सम्पूर्ण भावना के साथ,
परम शान्ति का वह शाश्वत स्थान
करोगे उसी की कृपा से प्राप्त।62।

इति ते ज्ञानमाख्यातं गुह्याद्गुह्यतरं मया।
विमृश्यैतदशेषेण यथेच्छसि तथा कुरु॥६३॥

सुनाया गया मेरे द्वारा यह तुझको
गोपनीय यह परम गुप्त ज्ञान,
विचार कर पूरी तरह से इस पर
निर्णय करो तुम स्वेच्छानुसार।63।

सर्वगुह्यतमं भूयः शृणु मे परमं वचः।
इष्टोऽसि मे दृढमिति ततो वक्ष्यामि ते हितम्॥६४॥

सुन अब मेरा परम वचन
अति गोपनीय रहस्य यह फिर से,
बोलूँगा तेरे हित के लिये
है तू मेरा सुदृढ़ मित्र इससे। 64।

मन्मना भव मद्भक्तो मद्याजी मां नमस्कुरु।
मामेवैष्यसि सत्यं ते प्रतिजाने प्रियोऽसि मे॥६५॥

परायण हो मुझ पर, बन मेरा ही भक्त
कर मेरी ही पूजा, कर नमस्कार मुझको,
आयेगा तू मेरे पास ही यह सत्य
देता हूँ यह वचन क्योंकि प्रिय है तू मुझको। 65।

सर्वधर्मान्परित्यज्य मामेकं शरणं व्रज।
अहं त्वा सर्वपापेभ्यो मोक्षयिष्यामि मा शुचः॥६६॥

परित्याग करके सभी कर्मों का
आ अब केवल मेरी शरण में,
शोक न कर तू मैं कर दूँगा
मुक्त तुझे सारे पापों से। 66।

इदं ते नातपस्काय नाभक्ताय कदाचन।
न चाशुश्रूषवे वाच्यं न च मां योऽभ्यसूयति॥६७॥

नहीं देना चाहिये इस ज्ञान को
तपस्वी नहीं जो न भक्त ही हैं मेरे,
अनिच्छुक हैं जो सुनने में ये वचन
और, अर्जुन, जो निन्दक हैं मेरे। 67।

य इमं परमं गुह्यं मद्भक्तेष्वभिधास्यति।
भक्तिं मयि परां कृत्वा मामेवैष्यत्यसंशयः ॥६८॥

इस परम रहस्य की व्याख्या
करेगा जो मेरे भक्तों के हित,
करके यह मेरी भक्ति सर्वोत्तम
आयेगा वह मेरे ही निकट। 68।

न च तस्मान्मनुष्येषु कश्चिन्मे प्रियकृत्तमः।
भविता न च मे तस्मादन्यः प्रियतरो भुवि ॥६९॥

नहीं है मनुष्यों में कोई उससे
बढ़ कर मेरा प्रिय करने वाला,
न ही है कोई बढ़ कर उससे
इस जग में मुझे प्यारा। 69।

अध्येष्यते च य इमं धर्म्यं संवादमावयोः।
ज्ञानयज्ञेन तेनाहमिष्टः स्यामिति मे मतिः ॥७०॥

अध्ययन करेगा जो हमारे
इस पवित्र धर्म-सम्वाद का,
करेगा वह ज्ञान यज्ञ से
मेरी पूजा, यह मत मेरा। 70।

श्रद्धावाननसूयश्च शृणुयादपि यो नरः।
सोऽपि मुक्तः शुभाँल्लोकान्प्राप्नुयात्पुण्यकर्मणाम् ॥७१॥

श्रद्धा से बिना उपहास किये जो
केवल सुनेगा भी इस संवाद को,
जायेगा वह भी मुक्त हो कर
पुण्यवानों के शुभ लोकों को। 71।

कच्चिदेतच्छ्रुतं पार्थ त्वयैकाग्रेण चेतसा।
कच्चिदज्ञानसम्मोहः प्रनष्टस्ते धनञ्जय ॥७२॥

सुना है क्या तुमने यह ज्ञान
एकाग्र चित्त से पार्थ,
हो गया है क्या धनंजय तुम्हारे
मोह और अज्ञान का नाश। 72।

अर्जुन उवाच —
नष्टो मोहः स्मृतिर्लब्धा त्वत्प्रसादान्मयाच्युत।
स्थितोऽस्मि गतसन्देहः करिष्ये वचनं तव ॥७३॥

नष्ट हुआ है मोह, मिली है स्मृति
तुम्हारे प्रसाद से अच्युत,
स्थित हूँ मैं गतसन्देह
मानूँगा मैं तुम्हारा वचन। 73।

सञ्जय उवाच -
इत्यहं वासुदेवस्य पार्थस्य च महात्मनः।
संवादमिममश्रौषमद्भुतं रोमहर्षणम् ॥७४॥

वासुदेव और महात्मा
पार्थ का इस प्रकार,
सुना मैंने यह अद्‌भुत
रोमांचक संवाद। 74।

व्यासप्रसादाच्छ्रुतवानेतद्गुह्यमहं परम्।
योगं योगेश्वरात्कृष्णात्साक्षात्कथयतः स्वयम् ॥७५॥

सुना मैंने व्यास जी की कृपा से
यह योग रहस्ययुक्त परम,
साक्षात् योगेश्वर कृष्ण
के मुख से राजन। 75।

राजन्संस्मृत्य संस्मृत्य संवादमिममद्भुतम्।
केशवार्जुनयोः पुण्यं हृष्यामि च मुहुर्मुहुः ॥७६॥

कृष्ण और अर्जुन का यह
पवित्र और अद्‌भुत संवाद,
पुनः पुनः करके राजन् इसे याद
हर्षित होता हूँ मैं बार बार। 76।

तच्च संस्मृत्य संस्मृत्य रुपमत्यद्भुतं हरेः।
विस्मयो मे महान्राजन्हृष्यामि च पुनः पुनः ॥७७॥

याद करके हरि का बार बार
वह अद्‌भुत विश्वरूप,
होता है राजन् मुझे विस्मय महान
होता हूँ मैं पुनः पुनः हर्षित। 77।

यत्र योगेश्वरः कृष्णो यत्र पार्थो धनुर्धरः।
तत्र श्रीर्विजयो भूतिर्ध्रुवा नीतिर्मतिर्मम ॥७८॥

जहाँ पर हैं योगेश्वर कृष्ण
जहाँ पर हैं पार्थ धनुषधारी,
होती हैं वहीं पर श्री, विजय, विभूति
और अविचल नीति मेरे मत में सारी। 78।

गीता-सार

1. क्यों व्यर्थ चिन्ता करते हो ? किससे व्यर्थ डरते हो ? कौन तुम्हें मार सकता है ? आत्मा न पैदा होती है, न मरती है।

2. जो हुआ, वह अच्छा हुआ, जो हो रहा है, वह अच्छा हो रहा है। जो होगा, वह भी अच्छा ही होगा। तुम भूत का पश्चाताप न करो। भविष्य की चिन्ता न करो। वर्तमान चल रहा है।

3. तुम्हारा क्या गया, जो तुम रोते हो ? तुम क्या लाये थे, जो तुमने खो दिया ? तुमने क्या पैदा किया था, जो नाश हो गया ? न तुम कुछ लेकर आये, जो कुछ लिया यहीं से लिया। जो दिया यहीं पर दिया। जो लिया इसी (भगवान) से लिया। जो दिया, इसी को दिया। खाली हाथ आए, खाली हाथ चले। जो आज तुम्हारा है, कल किसी और का था, परसों किसी और का होगा। तुम इसे अपना समझ कर मग्न हो रहे हो। बस यह प्रसन्नता ही तुम्हारे दुःखों का कारण है।

4. परिवर्तन संसार का नियम है। जिसे तुम मृत्यु समझते हो, वही तो जीवन है। एक क्षण में तुम करोड़ों के स्वामी बन जाते हो, दूसरे ही क्षण में तुम दरिद्र हो जाते हो। मेरा-तेरा, छोटा-बड़ा, अपना-पराया मन से मिटा दो, विचार से हटा दो, फिर सब तुम्हारा है, तुम सबके हो।

5. न यह शरीर तुम्हारा है, न तुम शरीर के हो। यह अग्नि, जल, वायु, पृथ्वी, आकाश से बना है और इसी में मिल जाएगा। परन्तु आत्मा स्थिर है, फिर तुम क्या हो ? तुम अपने आपको भगवान के अर्पित करो। यही सबसे उत्तम सहारा है। जो इसके सहारे को जानता है, वह भय, चिन्ता, शोक से सर्वदा मुक्त है।

6. जो कुछ भी तू करता है, उसे भगवान् को अर्पण करता चल। इसी से तू सदा जीवन-मुक्त का आनन्द अनुभव करेगा।